A. PILLET
*Professeur à la Faculté
de Droit de Paris.*

Le Traité de Paix de Versailles

CONFÉRENCES FAITES

AU COLLÈGE LIBRE DES SCIENCES SOCIALES

PARIS

LIBRAIRIE DES SCIENCES POLITIQUES ET SOCIALES

MARCEL RIVIÈRE et Cie

31, rue Jacob, 31, et 1, rue Saint-Benoît, 1

—

1920

LE TRAITÉ DE PAIX

DE VERSAILLES

A. PILLET
*Professeur à la Faculté
de Droit de Paris.*

Le Traité de Paix de Versailles

CONFÉRENCES FAITES
AU COLLÈGE LIBRE DES SCIENCES SOCIALES

PARIS
LIBRAIRIE DES SCIENCES POLITIQUES ET SOCIALES
MARCEL RIVIÈRE et Cⁱᵉ
31, rue Jacob, 31, et 1, rue Saint-Benoît, 1
—
1920

PRÉFACE

Nous ne pouvions pas faire rentrer dans le cadre de quatre brèves conférences, l'analyse des dispositions multiples et complexes que renferme le traité de paix du 28 juin 1919. Toute tentative de cette sorte eut été vaine et n'aurait abouti qu'à un résumé rapide, sec et dénué d'intérêt. Notre objet a été tout différent ; nous avons considéré ce traité sous l'angle particulier du droit, nous contentant du reste, de l'étudier dans ses traits les plus généraux ; en ce faisant, nous avons essayé de montrer que son imperfection la plus grande, tient peut-être à ce que, en le dressant, on n'a tenu presque aucun compte de la pratique coutumière des nations en cette matière.

Il n'est plus personne qui ne reconnaisse aujourd'hui les lacunes et les défauts du traité de paix. Pour nous, Français, son vice le plus grand, est qu'il n'a pas tenu un compte suffisant des sacrifices et des légitimes aspirations de la France. Ce reproche n'est pas le seul que nous ayons à lui adresser, et nous insisterons également sur ce fait que le traité de paix tel qu'il nous est présenté, n'est pas un véritable traité de paix, un traité propre à faire régner la paix entre les ennemis de la veille, en instituant un état de choses qui écarte soigneusement toute chance de nouvelles hostilités.

On s'imaginerait à tort qu'un traité soit un acte arbitraire, dont la rédaction puisse dépendre sans inconvénient du libre choix ou de la fantaisie de ses auteurs. Dans un ouvrage précédent, consacré aux conventions de la Haye, nous nous sommes attaché à montrer que tous les résultats sociaux que l'on peut désirer obtenir pour le bien de l'humanité, ne peuvent pas être acquis à l'aide de traités et que l'on se méprend gravement en voulant appliquer cette forme particulière du droit à des objets pour lesquels elle n'est point faite. Ici, nous prétendons prouver par l'exemple de ce grand traité qui vient d'être ratifié et qui est à la veille d'entrer en vigueur, que ce n'est point vainement que l'on méprise les enseignements de l'histoire et que l'on prétend rédiger des accords, tels que le monde n'en avait pas encore vus. L'esprit de l'homme est prompt, mais s'il se confie trop aveuglément à lui-même, il arrive que les faits lui donnent de cruels démentis.

Ce que serait le traité de Versailles, nous avons pu le prévoir, lorsque nous est parvenu cet étrange document qui portait les quatorze propositions du président Wilson. Ces propositions étaient de nature surtout philosophique. Elles eussent été à leur place imprimées à la suite des œuvres de Kant et n'auraient pas déparé un programme universitaire. Destinées à dominer la solution du plus gigantesque conflit qui ait jamais soulevé l'humanité, elles paraissaient comme quelque chose de

*semblable à un énorme anachronisme. Vouloir panser
des plaies, hélas bien réelles et profondes, à l'aide de
remèdes empruntés à la plus lointaine idéologie, quelle
illusion, ou au moins quelle tentative risquée et pleine
de périls! Alors que le fracas des armes n'a point encore
cessé, peut-on espérer que la puissance de l'idée vaincra
tout d'un coup la puissance du fait et que les peuples
prendront, un rameau d'olivier à la main, le chemin
qui leur est montré. Le vieux monde se meut sur une
route pavée d'iniquités, c'est la vérité même et l'honneur de la grande guerre de 1914-1918 aura été de permettre d'effacer deux de ces iniquités justement répu-
tées des plus scandaleuses, l'iniquité des partages qui
ont effacé de la carte politique de l'Europe, la malheu-
reuse et imprudente Pologne, et l'iniquité qui retenait
sous un joug exécré nos fidèles Alsaciens-Lorrains, mais
ce résultat si consolant, n'autorise pas de beaucoup plus
amples espérances. Au lendemain de la guerre, les nations se sont retrouvées ce qu'elles étaient la veille, forcément égoïstes et forcément craintives, aussi ardentes
à s'enrichir et à s'étendre qu'insensibles aux justes
plaintes d'autrui, vibrantes d'enthousiasme et consu-
mées de haines, prêtes à tout faire pour s'assurer ce
qu'elles disent être leur bien et pour frayer le chemin
qui mènera à son terme ce qu'elles appellent leur vo-
cation. Comment espérer courber sous l'empire d'un
droit qui n'existe pas, le monde qui existe?*

*La coutume qui représente souvent en droit des gens
la sagesse des siècles, avait peu à peu élaboré un certain
type de traité de paix, dont la diplomatie ne s'écartait*

guère. Ce type n'avait rien d'un idéal, mais il était humain. Il tenait compte avant tout, du besoin de paix que le monde ressent à la suite d'une grande guerre, cédait quelque chose aux exigences du vainqueur et veillait en même temps à ce que le vaincu put vivre et à l'occasion se défendre, il s'efforçait surtout de ne pas jeter au sein d'un monde ébranlé et frémissant de nouveaux germes de discorde. La coutume réparait la vieille maison, sans prétendre la reconstruire.

Les auteurs responsables du traité du 28 juin 1919, n'ont rien gardé de cette modestie atavique. Ils ont entendu refaire le monde suivant leurs propres plans qu'ils jugeaient excellents. L'expérience montrera si cette confiance était méritée.

Bornons-nous à souhaiter que ce traité ne soit pas absolument malfaisant et qu'au lieu des grands progrès espérés, il ne déchaîne pas les pires maux sur l'humanité.

A. PILLET.

L'Empire Allemand

Messieurs,

J'ai promis de faire devant vous, quatre conférences sur le traité de paix du 28 juin 1919. Dans cette maison, à laquelle j'appartiens depuis longtemps, une vertu incontestable a régné depuis l'origine et règne encore : une tolérance mutuelle et le respect sincère de la liberté des opinions de chacun. Cette liberté, toujours nécessaire à un exposé critique, m'est d'autant plus indispensable à l'heure actuelle, qu'il importe de réagir contre un préjugé qui ne tend à rien moins qu'à faire considérer comme dirigées contre la cause de la France, les critiques que l'on adresse au traité de Versailles. Rien n'est moins juste qu'une semblable appréciation.

Je me propose d'établir devant vous que le traité de Versailles est mauvais, qu'il est même très mauvais, et c'est précisément en me plaçant au point de vue de nos intérêts français que j'édifierai cette démonstration.

La liberté que je revendique ici, m'appartient d'autant mieux, que le point de vue adopté par moi sera, comme toujours, un point de vue exclusivement juridique. La politique ne se mêlera pas à mes développements. Je ne viens pas ici qualifier le traité de défectueux, parce qu'il est l'œuvre de certaines personnes, dire que l'on aurait dû le rejeter, parce qu'il sert une certaine politique et non pas une politique différente ; ces raisons me laissent complètement froid. C'est le traité en lui-même, le traité comparé aux traités du même genre, le traité rapproché surtout des nécessités du moment et des besoins auxquels il devait pourvoir, que je vais examiner avec la plus grande liberté et aussi avec la plus grande impartialité.

Je ne cacherai pas un instant ma pensée. Le traité du 28 juin 1919 est mauvais. Il a été mal fait. Il est inférieur certainement à tous les grands traités qui, dans des circonstances antérieures, ont eu de même à mettre fin à des situations pénibles et angoissantes pour la communauté internationale.

Je ne dis pas qu'il ne doit pas être exécuté, pas davantage qu'il doive être défait et refait, ce serait une cause de désordres sans fin, je dis qu'il est à craindre qu'il n'apporte pas au monde le bien que le monde en attend.

On a cru sauver du reproche l'instrument de Versailles, en disant qu'il pose des principes et qu'il faut attendre ce qu'il donnera dans l'application pour savoir s'il sera bon ou s'il sera mauvais. Cela, déjà, est une prétention inadmissible, et excusable seulement dans la bouche de ceux qui se considèrent, à tort ou à raison, comme responsables du traité.

Un traité diplomatique, et en particulier un traité de paix, est de toute nécessité un règlement. Or, on n'arrête pas un règlement sans savoir ce que l'on veut faire, sans savoir également ce que l'on peut attendre des résolutions qu'on adopte.

Lorsque, en 1856, à la suite de la guerre de Crimée, les alliés de la Turquie conclurent le fameux traité de Paris, du 30 mars, il s'agissait pour eux de sauvegarder l'existence et la sûreté de l'empire ottoman en présences des forces écrasantes et de l'attitude toujours menaçante de la Russie. Les alliés n'adoptèrent pas des dispositions conjecturales destinées à produire leur effet dans un avenir éloigné ; méditant de donner des sûretés à la Turquie, ils organisèrent en effet ces sûretés, les firent telles qu'elles pouvaient leur sembler garantir effectivement la conservation de l'Empire ottoman et exigèrent leur application immédiate. Et leur but fut si bien atteint que la Russie s'efforça de tout son pouvoir de se débarrasser de clauses qui avaient à ses yeux le tort de trop bien protéger l'empire du Sultan. Elle y parvint en 1871. Ce fut le prix donné à sa neutralité pendant la guerre franco-allemande.

Dans les conférences que je vais faire, je m'occuperai simplement des grandes lignes du traité de 1919. Déjà, sous cet aspect très général, ce traité est pour moi une cause d'étonnement, je dirai presque une cause de scandale. Parcourons très rapidement d'abord certaines particularités qu'il présente, et qui ne méritent pas de retenir longtemps notre attention.

On remarque, lorsqu'on a entre les mains la brochure qui contient cet acte fameux, que le traité comprend la masse énorme de 440 articles, dont plusieurs sont eux-mêmes divisés en paragraphes ou suivis d'annexes, occupent plusieurs pages, 440 articles, alors que, dans les circonstances les plus solennelles et pour les traités les plus difficiles et les plus amples, jamais un nombre comparable de dispositions n'a figuré dans un traité.

En 1815, où certes la tâche à accomplir n'était pas inférieure à celle qui vient d'être accomplie sous nos yeux, le fameux Acte final du congrès de Paris, qui ne faisait rien moins que replacer l'Europe sur ses bases anciennes, avait en tout 121 articles, et déjà le grand nombre de ces dispositions fut pour l'exécution de cet acte, la cause d'embarras sans fin.

Un traité de 440 articles est un traité difficile à consulter, difficile aussi à interpréter, car il est impossible que des dispositions aussi nombreuses que celles-là ressortent toutes d'un même esprit et que l'on ne puisse pas, dans le nombre, signaler certaines oppositions irréductibles. De plus, on remarquera que dans le corps de ce traité se trouvent successivement examinées et réglementées bien des matières diverses, presque toutes celles qui, à l'heure actuelle, préoccupent les Etats faisant partie de la communauté internationale. C'est une sorte de code ou mieux encore de digeste où se trouvent entassées sans méthode visible, toutes les questions proposées aux négociateurs. Cela procède évidemment d'un zèle louable ; après une si longue guerre on voulait établir à tous égards et dans tous les domaines une paix complète et pour y arriver on donnait aux dispositions du traité que l'on concluait une amplitude qui ne s'était point encore vue jusqu'à notre époque.

Mais on n'a pas songé que rien n'est moins prudent que de cumuler ainsi dans un seul acte des dispositions très nombreuses et appartenant à des domaines tout à fait séparés. Une réglementation de la navigation — quoique cependant le traité de Vienne offre un précédent en cette matière — n'a pas grand'chose à faire avec les grandes questions politiques qui divisent les Etats ; un règlement de la condition juridique des auteurs ou des artistes est hors de sa place dans un traité de paix ; un code du travail risque fort d'être plus encombrant qu'utile. Et ce n'est pas seulement un manque d'unité et d'harmonie rompant dans une mesure fort appréciable l'équilibre du traité que l'on peut ici relever, il y a plus.

A vouloir ainsi multiplier les matières dont la solution est confiée à un seul et même traité de paix, on s'expose à condamner cet acte à une caducité à peu près inévitable. On ne doit pas oublier, en effet, — et les faiseurs de traités seraient moins excusables que tous autres, de commettre un pareil oubli — que dans un traité, toutes les dispositions que l'on a accueillies et stipulées se commandent, et en quelque sorte s'équilibrent les unes les autres, de telle sorte que lorsque l'une de ces dispositions manque l'effet qu'elle visait, lorsqu'elle n'est pas observée, cette inobservation, portât-elle même sur la clause la plus insignifiante d'un gros traité, donne à tous les contractants le droit de se considérer comme déliés des obligations qu'ils avaient acceptées. Un traité qui contient trop de clauses diverses, est un traité menacé de disparaître au premier jour où une des puissances signataires estimera avoir un intérêt sérieux à sa disparition.

Ce sont là des critiques bien menues, il fallait les noter pourtant, et pendant que j'en suis là, j'y ajouterai que c'est un regret pour moi de voir que ce traité a été rédigé non pas en français, comme tous les grands traités depuis les traités de Westphalie, mais en anglais, de telle sorte que la version française que nous en possédons, bien qu'ayant un caractère officiel, est apparemment, très apparemment une traduction anglaise. Cela est une faute, surtout dans un acte aussi important et aussi complexe. C'est une faute parce que, quelque soin que l'on puisse mettre à donner d'un texte conçu dans une langue, une traduction exacte dans une autre langue, cette traduction n'est jamais la reproduction absolument fidèle du texte primitif, par cette raison péremptoire que les mêmes mots n'ont jamais dans les deux langues, exactement la même signification.

Mais la critique la plus grave, et je pense aussi la plus intéressante que je puisse faire, au point de vue général qui est aujourd'hui le nôtre, au traité de Versailles, est que ce traité n'a pas atteint l'objet en vue

duquel il a été convenu. Il a manqué son objet. Il ne
l'a pas atteint d'une façon suffisante pour que l'on
puisse dire que l'œuvre de pacification qu'il avait pour
tâche de consommer ait été bien véritablement une
œuvre accomplie. Ce n'est pas un traité de paix.

Ici nous rencontrons, en effet, une loi absolue. Les
lois absolues, fréquentes dans les sciences mathémati-
ques, sont au contraire bien rares dans une science
sociale comme le droit international, et c'est avec un
véritable empressement que nous signalons celle-ci.
Cette loi, c'est que tout traité de paix est en corrélation
étroite avec le conflit d'où la guerre est sortie. Le
traité est en quelque sorte une réponse qui vient s'appliquer à la question ouverte par la guerre.

Lorsque la guerre est née d'une prétendue violation
du droit, le traité alors rétablit le droit violé ou consacre définitivement cette violation, la transformant en
un état de droit nouveau, suivant l'issue qu'ont eue les
hostilités. Mais, le plus souvent, les guerres, et surtout
les grandes guerres comme celle qui vient de se termi-
ner, ne sont pas causées par de pures et simples viola-
tions du droit ; autant vaudrait dire que c'est l'assas-
sinat de l'archiduc Ferdinand-François et de sa femme
qui a été la véritable cause de la dernière guerre, pro-
position que personne n'oserait certainement soutenir
aujourd'hui. Le plus souvent, les guerres ont des causes
politiques ; elles sont en quelque sorte l'aboutissement
fatal d'un état de choses qui se fait de plus en plus
aigu, jusqu'à devenir insupportable et à faire trouver
avantageux à ceux qui en souffrent, les énormes sacri-

fices qu'une guerre impose, si par ces sacrifices, ils pensent pouvoir se débarrasser de cet état de choses. Alors, le traité qui termine la guerre, doit être en corrélation exacte avec l'état de choses d'où la guerre est sortie. S'il ne l'est pas, il n'est pas le traité qui convenait, il n'est pas le traité qu'il fallait faire, il n'est pas le traité qui termine véritablement la guerre.

Les formules sont, en cette matière, assez peu de chose, et il vaut mieux certainement citer des exemples qui seront probants.

Les traités de Westphalie, que nous avons d'autant plus de plaisir à mentionner ici, que ce sont eux qui ont fait entrer l'Alsace dans la patrie française, les traités de Westphalie mettaient fin à la guerre de Trente ans, laquelle guerre avait eu pour objet, d'empêcher l'asservissement des princes particuliers d'Allemagne, spécialement des princes protestants, à l'autorité supérieure de l'Empire. Aussi, que trouve-t-on dans les traités de Westphalie ? On y trouve beaucoup moins de stipulations véritablement internationales que de dispositions tendant à donner au saint empire romain germanique une constitution nouvelle. L'objet principal des traités de Munster et d'Osnabrück, est d'assurer les princes protestants contre la suprématie impériale, parce que l'état critique dont souffrait l'Allemagne et qui avait causé la guerre, avait été amené précisément par le caractère jugé insupportable de cette suprématie. Et cela nous explique pourquoi la France, qui, à la suite de la Suède et du Danemark était entrée dans cette guerre, avait embrassé la cause des princes protestants.

Richelieu, Mazarin, qui n'étaient point tendres pour les protestants français, avaient pris les armes pour les protestants allemands, parce que la France n'avait pas moins à craindre que certaines catégories de sujets de l'Empire, la toute puissance des héritiers de Charles-Quint.

Les traités de Westphalie nous offrent l'exemple d'une paix politique, qui a statué principalement et presque exclusivement sur des matières religieuses. La paix d'Utrecht nous offre une nouvelle vérification de cette loi.

On sortait de la longue série des guerres qui ont illustré le règne de Louis XIV, et l'Europe, ayant enfin par ses armes réunies balancé la fortune de ce grand roi, voulait limiter les conquêtes de la France et en particulier, assurer par la séparation perpétuelle de la France et de l'Espagne, la liberté des pays voisins. Le traité d'Utrecht eut un double objet : on laissa à Louis XIV de beaucoup la plus grande partie de ses conquêtes, mais on exigea, et cela, par tous les moyens, que le duc d'Anjou qui, en vertu du testament de Charles II montait sur le trône d'Espagne, renonçât à jamais pour lui et pour ses descendants, à toute prétention à la couronne de France. On ne voulait pas qu'un descendant de Louis XIV recommençât à faire trembler l'Europe, comme l'avait fait Charles-Quint.

Voilà donc des traités dont l'objet est tout à fait conforme aux nécessités qui les ont amenés, et qui contiennent la réponse véritable aux questions que la guerre avait posées.

Il en est de même des traités de Vienne de 1815, qui dépassent encore peut-être, par leur importance, ceux que nous avons cités jusqu'ici.

En 1815, il ne s'agissait pas de mettre une limite à l'ambition de la France ; la puissance de Napoléon était brisée, il fallait dépecer son énorme héritage, et en même temps que la justice commandait de restituer à chacun des princes autrefois dépouillés par les armes napoléoniennes, l'héritage de ses pères, il fallait augmenter la force de résistance des principaux souverains de l'Allemagne, de façon à les mettre les uns par rapport aux autres, dans un état d'équilibre stable, et à leur donner les forces qu'il leur fallait avoir pour résister à une incursion ennemie. Aussi, parce que la situation imposait cette solution, voit-on les diplomates réunis à Vienne, ou plutôt ceux qui les conduisaient, car dans cette circonstance déjà, les véritables têtes étaient en bien petit nombre, adopter certaines dispositions, prendre certains partis que l'on pouvait croire en contradiction avec le point de départ par eux adopté. On ne restitua pas à tous les princes d'Allemagne, leur situation antérieure. Non seulement, les confiscations et médiatisations qui avaient été la suite du traité de Lunéville, puis celles qui figurent le recès de la députation de l'Empire de 1803, sont confirmées, mais les médiatisés descendent un degré de plus, et de mi-souverains qu'ils étaient jusque-là, ils devinrent simplement des sujets. Leurs réclamations qui furent très vives, ne furent pas entendues, parce que, à constituer de nouveau une Allemagne aussi divisée qu'elle l'était jusqu'à la Révolution française, on voyait poindre le danger d'une Allemagne sans force et qui serait exposée dans l'avenir, comme elle l'avait été par le passé, à de continuelles interventions.

Ici encore, l'objet du traité a correspondu parfaitement à la nécessité qui en amenait la rédaction. Ce n'est pas à dire que les traités de Vienne aient été excellents, bien loin de là ; on sait en particulier l'échec de la combinaison qui consistait à établir un équilibre que l'on croyait durable entre la Prusse et l'Autriche. Cet équilibre ne se poursuivit que pendant peu de temps, son maintien était contradictoire au mouvement qui animait les deux peuples ; il ne dura que jusqu'en 1866. La paix de Prague le rompit, et quoique cette paix, conclue après la campagne glorieuse de Sadowa ne coutât aucun sacrifice territorial à l'Autriche, elle fut pour la Prusse d'un intérêt extraordinaire, car elle lui ouvrit les portes de l'Allemagne. C'était la faculté, pour la Prusse, d'aller de l'avant. Elle en profita immédiatement pour former la confédération de l'Allemagne du Nord, que la constitution antérieure du Zollverein avait déjà rendue possible, pour annexer ses plus proches voisins et pour s'allier aux Etats du Sud.

La guerre de 1870 fut la conséquence directe de celle de 1866. Elle éclatait dans des circonstances qui rappellent beaucoup les fastes de la dernière guerre. Quoi que l'on ait dit des débuts de la guerre de 1870 et bien que, malheureusement, l'esprit de parti ait souvent dénaturé les intentions du Gouvernement français, il est certain que la France ne pouvait pas, sans péril

pour son existence, laisser installer un Hohenzollern
en Espagne, alors que depuis 1815 et par suite d'une
imprudence bien grave, elle avait déjà un Hohenzollern pour voisin dans les pays rhénans. Que la guerre
ait peut-être été déclarée un peu précipitamment par
nous, c'est soutenable ; que nous ne fussions pas prêts à
la faire, le fait est malheureusement certain ; mais ce
qu'il faut se dire, c'est que cette guerre qui était dans
les intérêts de l'Allemagne se serait faite coûte que
coûte, un peu plus tard, si elle ne s'était pas faite un
peu plus tôt. Son résultat fut de permettre à la
Prusse de passer une seconde fois le Rhin, et les événements qui se sont écoulés depuis, montrent que cette
emprise sur la rive gauche du Rhin, n'a jamais été
dans ses desseins, que comme une pierre d'attente,
devant servir à la construction du grand édifice qu'elle
méditait.

La guerre de 1914 est la suite logique de la guerre
de 1870.

Eh bien, dans toutes ces questions, aussi bien au
xviie siècle qu'au xixe, on a toujours vu les plénipotentiaires chargés d'établir un traité, s'appliquer avec un
grand soin à ce que les termes du traité résolvent directement la situation qui avait donné lieu à la guerre,
cette résolution devant être naturellement différente,
suivant que l'un ou l'autre des adversaires a remporté
la victoire. Les plénipotentiaires qui ont été chargés de
dresser le traité de 1919 se sont-ils conformés à cette
même loi, loi non seulement salutaire, mais loi véritablement nécessaire, en dehors de laquelle il est permis

de dire qu'un traité de paix n'est pas un véritable traité
de paix ?

Quelle tâche s'imposait donc à l'issue de cette guerre
atroce aux plénipotentiaires réunis au Congrès de la
paix ?

Cette tâche, il est facile de la déterminer. La guerre
avait eu pour cause unique l'ambition de l'Allemagne,
et l'on peut dire que cette fois, le voile qui jusqu'ici
avait recouvert la politique artificieuse de Bismarck,
fut déchiré complètement. Le but prochain de la
guerre, c'était d'abord la destruction de la France, sans
parler de l'occupation définitive de la Belgique, et, par
la destruction de la France, une main-mise directement
exercée sur l'Italie et sur l'Espagne. Un autre objet,
tout aussi prochain, et qui pesa au moins autant dans
les décisions de l'empereur d'Allemagne, était de rui-
ner la supériorité maritime de l'Angleterre. Déjà la
flotte allemande, grâce à ses progrès constants, était
menaçante ; elle devait s'accroître encore, et l'Allemagne pouvait, soit par l'effet de descentes sur les côtes
anglaises, descentes que l'occupation des Flandres
rendait possible, soit grâce à une action maritime in-
tense, interrompre le commerce de l'Angleterre, muti-
ler sa marine de guerre, et finalement prendre à sa
place, le premier rang dans le commerce maritime
mondial.

Ce trait n'était pas le seul qui fut dirigé contre la
Grande-Bretagne ; il faut compter aussi, les événements
l'ont montré, que la guerre était dirigée en même
temps contre l'Egypte et contre les Indes anglaises.

Ceci, c'était la menace prochaine, immédiate. Une menace moins prochaine, mais tout aussi certaine, planait sur les Etats-Unis, car il est incontestable que si l'événement de la guerre avait été favorable aux armes allemandes, la ruine de la France et l'humiliation de l'Angleterre n'auraient pas suffi au gouvernement vainqueur ; il se serait, ou de suite, ou après un court délai, attaqué aux Etats-Unis, pour en finir avec la prépondérance américaine dans le nouveau monde, comme il avait détruit l'autorité des grandes puissances dans l'ancien.

Tout cela n'était autre chose que l'exécution d'un plan très bien ordonné et conçu depuis longtemps, l'œuvre et la grandeur de Bismarck, car c'est Bismarck qui a organisé l'Allemagne moderne et qui lui a tracé sa voie. Ce plan s'était développé en trois étapes : la première, marquée par la victoire de Sadowa, avait eu l'avantage de mettre l'Autriche hors de jeu et de faire de la Prusse la maîtresse de l'Allemagne.

La seconde étape fut Sedan. Sedan eut pour résultat d'abattre la France et de permettre à la souveraineté impériale de prendre pied sur le territoire français, par l'occupation de l'Alsace. La dernière étape enfin, devait être Charleroi, l'invasion de la Belgique, la prompte soumission de la France, et par là, l'obtention rapide, sinon immédiate, de tous les grands résultats que nous avons précédemment énumérés. C'était en un mot, la liberté du monde civilisé tout entier qui se trouvait en jeu, car on ne voit guère que l'Extrême-Orient, dont la trace n'apparaissait pas dans ce plan gigantesque, et qui, sans doute, était réservé pour une expansion ultérieure de la puissance allemande.

Ce plan a échoué. Que devait-on faire ? A la suite d'une grande guerre, le monde, tout meurtri et ensanglanté des sacrifices sans nombre qu'elle a exigés, ne désire qu'une chose : la paix, et il est bon d'insister sur ce point, que le désir de la paix et la volonté de la réaliser ne sont pas le propre d'une certaine école ou d'une certaine politique. Ces sentiments étaient trop naturels, trop pressants dans des circonstances pareilles, pour n'être pas l'apanage de tout homme qui pense, à plus forte raison de tous ceux sur qui pèse une responsabilité politique quelconque ; mais la paix étant ainsi voulue et désirée de tous, comment faire pour l'obtenir ? Demandera-t-on la paix aux rêveries centenaires de Kant ? Faudra-t-il se confier au droit des nations à disposer de leur destinée, droit dont la reconnaissance aurait, dans l'esprit de ceux qui le préconisent, la vertu d'extirper toute semence de conflit entre les Etats ? Ira-t-on plus loin, et pensera-t-on obtenir le bénéfice d'une paix durable, perpétuelle même, par le moyen de l'instauration de gouvernements démocratiques dans tous les Etats ?

Ces perspectives ne peuvent séduire que les esprits uniquement inspirés de vues utopiques. Ce sont, en réalité, des fumées qui ne résistent pas à un œil un peu pénétrant. Les peuples, que l'on prétend uniquement désireux de se libérer eux-mêmes, et satisfaits de disposer, comme on a coutume de le dire, de leurs destinées, les peuples en réalité, aiment aussi bien à disposer les uns des autres. Depuis que l'histoire du monde nous est connue, on ne cesse pas de les voir user et abuser de leur puissance, pour soumettre leurs voisins à leur domination.

Quant à la vertu prêtée par les disciples de Kant aux gouvernements démocratiques, le temps actuel suffit, par sa considération, pour dissiper absolument ce prestige. Il y a, à l'orient de l'Europe, 4 ou 5 gouvernements démocratiques, un plus grand nombre peut-être, en formation, et ces gouvernements ne peuvent pas être empêchés de se disputer le pouvoir les armes à la main. L'avenir que ce début promet, on le devine.

En réalité, pour quiconque connaît l'histoire et a observé quelque chose des dispositions naturelles des nations, tous les gouvernements se valent au regard du problème de la guerre, et ce n'est certes pas le choix d'une forme jugée plus perfectionnée, qui pourra assurer à l'humanité les bienfaits de la paix.

La vraie formule de la paix, la politique qui permet de retirer de la victoire, le fruit que précisément on en attend, consiste et a consisté toujours à mettre l'agresseur dans l'impossibilité de renouveler son agression.

En formulant cette grande vérité, nous ne faisons pas allusion seulement à l'efficacité des mesures transitoires et partielles que l'on peut être amené à prendre, telles que le désarmement ou la livraison du matériel de guerre, mesures fatalement d'un effet douteux et limité, limité parce que l'on ne peut pas indéfiniment exercer sur un Etat une surveillance de tous les instants, incertain également, parce que ces précautions sont toujours faciles à déjouer et que rien n'est plus aisé, l'expérience le montre, que de cacher des préparatifs de guerre sous l'aspect le plus rassurant de la paix.

Les éléments qui, seuls, pouvaient assurer à l'Europe et au monde une paix durable étaient au nombre de deux : il fallait abattre la Prusse et il fallait en finir avec l'Empire d'Allemagne.

Il fallait abattre la Prusse parce que, dans cette vaste entreprise de pillage et de destruction que représente la politique allemande de ces dernières années, la Prusse est le chef incontestale, et, disons-le, le seul Etat possédant les qualités nécessaires pour s'acquitter d'un pareil magistère. Il fallait donc abattre la Prusse, et pour cela lui imposer des retranchements singulièrement plus considérables que ceux qu'elle a soufferts dans le traité de paix. Il fallait revenir sur les conventions antérieures et refaire la petite Prusse telle qu'elle existait au moment des conquêtes de Frédéric. Il fallait surtout dissoudre l'Allemagne, détruire le *Reich*.

Ce second point, le parti de dissoudre l'Empire allemand, qui paraît à certains esprits une véritable énormité, est en réalité dans les traditions les plus certaines du droit international. Depuis Grotius, et même avant lui, chez les canonistes, on n'a jamais douté que l'Etat coupable d'une agression injuste put être mis par la force dans l'impossibilité de la renouveler, et ici, la seule mesure efficace consistait dans la destruction de l'Empire allemand. Dans la pratique, on a toujours vu le vainqueur imposer au vaincu des transformations profondes dans son état politique, lorsque ces transfor-

mations lui paraissaient nécessaires pour retirer de la
guerre, tout le fruit qu'il en avait espéré. Donc, soit en
doctrine, soit en pratique, la dissolution d'un Empire
dont l'existence pouvait être justement réputée incom-
patible avec le repos d'un continent et même du monde,
est la chose la plus naturelle et la plus juste qui soit.
N'a-t-on pas détruit ce qui restait de la Pologne, la
république de Cracovie sur le fondement du danger que
faisaient courir à ses voisins ses agitations intérieures ?

Cette dissolution, par quels moyens l'obtiendra-t-on ?
Des moyens de ce genre, il en existe, il n'en faut pas
douter, on en rencontre même dans la sphère des idées
communes du droit international public, et j'irai jusqu'à dire qu'il suffit d'ouvrir un manuel de droit international, pour découvrir entre ses pages les moyens que
l'on cherche. Je ferai appel sur ce point à une idée
très connue et dont il semble que l'on aurait pu faire,
dans l'hypothèse, une application nouvelle et féconde ;
l'idée de la reconnaissance des Etats.

Les Etats sont reçus dans la communauté internationale et bénéficient, dans les limites du possible, du
respect des Etats étrangers, grâce à la reconnaissance
dont ils sont l'objet. Cette reconnaissance elle-même
n'est accordée à un Etat nouveau qu'autant qu'il jus-
tifie d'un développement de civilisation manifesté par
des institutions bien établies et propres à calmer les
inquiétudes de ses voisins ; si l'on exige de lui des
institutions régulières, c'est précisément parce que l'on
veut être sûr qu'il s'acquittera envers les autres des
devoirs que lui dicte le droit international. De même,

dans une matière voisine, mais qui n'est pas celle qui
nous occupe actuellement, dans ce que l'on appelle la
reconnaissance d'un parti insurgé à titre de belligérant,
on indique communément comme une des conditions
nécessaires à la concession de cette reconnaissance que
ce parti insurgé suive les lois de la guerre, c'est-à-
dire se conforme aux règles posées par le droit international. De même que c'est une idée acceptée par tous
qu'une formation politique nouvelle ne peut pas prétendre à être reconnue comme telle par le monde civilisé, à moins de démontrer qu'elle est capable de s'acquitter de ses devoirs de civilisée ; de même aussi lorsqu'une formation ancienne, dans une occasion aussi
solennelle que celle qui vient de se présenter, a montré son inaptitude radicale à se conduire comme un
Etat civilisé, je prétends que, sans rien changer aux
principes déjà reçus, on peut lui retirer la reconnaissance dont elle a joui jusque-là.

L'empereur d'Allemagne a déclaré la guerre, sans
aucun motif, voire même sans aucun prétexte valable,
uniquement pour satisfaire aux ambitions et à la cupi-
dité de son peuple, pour s'agrandir et pour enrichir
ses sujets aux dépens de ses voisins, plus encore pour
écraser tous ses rivaux sur les grands marchés du
monde. C'est un premier crime contre l'humanité. Ce
crime, du reste, a été suivi de quantités d'autres crimes
relevés par tous ceux qui ont été les spectateurs de la
conduite des armées allemandes et de leurs chefs, particulièrement au début des hostilités. Par là, le gouvernement allemand et les officiers qui le représentent,

se sont mis en dehors du droit international. Je dis
donc que la sanction la plus naturelle et la plus exactement correspondante au but de la paix aurait été
précisément de retirer le bénéfice de la reconnaissance
internationale à l'Empire allemand, convaincu d'inaptitude à remplir les devoirs d'un État civilisé.

Pour le faire, du reste, un procédé très simple était
à la disposition des alliés au moment de la paix : ils
devaient purement et simplement refuser de recevoir
les délégués de l'Empire, du Reich, disant qu'ils traiteraient avec les plénipotentiaires des Etats particuliers
de l'Allemagne, mais que, quant à l'Empire, ils ne le
connaissaient plus et qu'ils ne traiteraient dorénavant
plus avec lui. Cela seul aurait nécessairement obligé
l'Empire allemand à se dissoudre de lui-même, ou au
moins à se transformer complètement.

On ne l'a pas fait. On ne l'a pas fait par un respect
véritablement inintelligible pour l'Empire allemand.
On a oublié dans cette circonstance que l'Empire allemand, tel que nous l'avons vu jusqu'ici, est une formation nouvelle qui ne remonte pas au delà du 18 janvier 1871 ; que, lorsqu'un Etat n'a pas encore 5o ans
d'existence, il n'a pas en quelque sorte, fait ses preuves,
et il est dès lors beaucoup plus facile de s'y attaquer
que s'il s'agissait de porter le trouble dans un Etat dont
l'existence serait consacrée par des siècles d'activité
pacifique.

Alors, on aurait eu véritablement une garantie de la
paix, car les menaces que l'Empire allemand peut faire
peser sur le monde, aucun des membres qui le com-

posent n'est capable de les soutenir ; et l'on remarquera,
en effet, qu'aussi longtemps que l'Allemagne s'est
composée de nombreux Etats particuliers à peu près
indépendants les uns des autres, la co-existence de ces
Etats n'a causé au moins aucune inquiétude mortelle
dans le sein de la société internationale.

A ces raisons, les plénipotentiaires assemblés à Versailles, ont répondu par une consécration nouvelle de
l'unité allemande ; les Allemands auraient droit à
l'unité, ils auraient le droit à conserver leur Empire,
Voilà la thèse qui, malheureusement, a été acceptée.

Tout cela, ce n'est qu'une parole. Les Allemands
n'ont pas droit à conserver leur forme actuelle de gouvernement, si cette forme doit faire peser sur le monde
une menace continuelle, et cette unité dont leurs diri-
geants se réclament actuellement, sans que l'on puisse
savoir même si elle correspond bien aux sentiments des
divers groupes ethniques que l'Allemagne renferme,
cette réclamation nous paraît uniquement une machine de guerre destinée à parer aux nécessités du
moment. Nous en avons une preuve convaincante.

Dans les siècles précédents, et pendant toute la durée
de l'ancien Empire d'Allemagne, le cri de guerre de
l'Allemagne n'était point du tout un appel à l'unité,
c'était une réclamation perpétuelle des libertés allemandes. Dans les circonstances critiques, l'Allemagne se tournait le plus souvent contre l'Empire. Ainsi,
un même peuple qui, pendant des siècles, n'a jamais
demandé que ses libertés particulières, demande aujourd'hui, au contraire, la disparition de ces mêmes

libertés. Cette opposition met suffisamment en lumière le caractère artificiel de ces réclamations et aurait dû empêcher les membres du Congrès de la paix d'y prêter une attention sérieuse.

Dira-t-on que la conservation de l'Allemagne peut invoquer en sa faveur les souvenirs du Saint Empire germanique, et que l'on a assez fait pour la paix du monde, en délivrant l'Allemagne de son empereur et de ses souverains particuliers ?

Sur ce dernier point, on n'a rien fait du tout, car si aujourd'hui, l'empereur d'Allemagne est en Hollande, d'où l'on paraît désireux de le faire sortir pour lui infliger les peines qu'il a méritées, demain il peut être en Allemagne, car l'Empire subsiste avec tous ses ressorts, il ne manque qu'un empereur, et un empereur est vite trouvé.

Quant à l'argument, évidemment plus puissant, des traditions de l'Allemagne et de l'existence tant de fois séculaire du saint Empire germanique, il ne faut point l'exagérer, ou plutôt il n'est capable de faire une certaine impression que sur les esprits qui ne sont point familiers avec les traditions de l'Allemagne, et en particulier, qui ne savent pas exactement ce qu'était dans la réalité le saint Empire romain germanique.

Alors que l'Empire de Bismarck et de Guillaume II formait l'exemple le plus complet que l'on ait vu sans doute, de la cohésion de plusieurs peuples en un seul, le saint Empire germanique donnait au contraire, le spectacle le plus net de la diversité et de l'incohérence. Fort peu de liens reliaient les Etats qui en faisaient partie, ils ne croyaient même nullement à la souveraineté de l'empereur, et ne craignaient pas d'employer leurs armes contre les siennes, dès qu'ils avaient quelque réclamation à formuler. L'empereur, lui-même, n'avait d'autre puissance que celle qui lui venait de ses Etats patrimoniaux, car lorsqu'il s'agissait de faire mouvoir les forces de l'Empire, toute cette machine était si pesante et si compliquée, que l'on n'arrivait qu'avec la plus grande peine, et au bout du temps le plus long, à obtenir de l'Allemagne une action commune dirigée par l'empereur.

Il n'est point besoin de me répandre davantage dans l'histoire de l'Empire, pour prouver cette vérité, ni de citer, par exemple, le précédent de la guerre de Trente ans, qui a ensanglanté l'Allemagne au commencement du xviiᵉ siècle ; un trait montrera à lui seul ce qu'était l'Empire d'Allemagne et comment il constituait l'antithèse de l'Empire actuel.

Au moment où, par l'effet des traités de Westphalie, l'Alsace fut acquise à la France, comme ce pays faisait partie de l'Empire et qu'il contenait plusieurs possessions ressortant directement de l'empereur, les dix villes impériales, par exemple, on se demanda à la Cour de France, si Louis XIV, qui n'était alors qu'un petit enfant, ne demanderait pas la qualité de prince électeur de l'Empire. La question fut très sérieusement agitée dans les conseils de la couronne ; on éprouva la tentation de la résoudre par l'affirmative, et ce qui empêcha ce parti de prédominer, ce fut simplement la crainte qu'eurent les conseillers du roi de voir le roi de France mis au ban de l'Empire, ce qui aurait eu pour lui les plus sérieux inconvénients. Si la France, jalouse comme on sait, de sa liberté, et engagée dans une lutte de tous les moments contre le pouvoir impérial, songeait à s'incorporer en quelque sorte à l'Empire et à faire reconnaître son roi comme prince électeur d'Empire, évidemment c'est que personne en France ne prenait l'Empire au sérieux, et c'est que l'on savait bien que cette nouvelle dignité qui pouvait apporter au roi de France des avantages assez appréciables, celui par exemple. d'être nommé empereur, ne pouvait compromettre en rien l'indépendance dont il était si justement jaloux.

En laissant subsister l'Empire d'Allemagne sans empereur, en n'exigeant pas comme condition préalable de l'ouverture des négociations de paix la dissolution de l'Empire, les plénipotentiaires réunis à Paris ont commis une faute capitale, faute dont les conséquences, on peut le craindre au moins, pèseront lourdement sur la politique de l'avenir.

La Société des Nations

Cette conférence, comme la précédente, débutera par une observation.

Lorsque le plan de la Société des Nations fut connu dans le grand public, des critiques assez vives s'élevèrent presque de toutes parts contre son institution, et alors, on vit les auteurs de cette singulière construction crier au dénigrement et se plaindre de ce que l'on dépréciait à plaisir une œuvre, dont les avantages étaient cependant évidents.

Pour revendiquer la pleine liberté de mon opinion, je dois répondre à ce reproche. On ne dénigre pas la Société des Nations, on ne peut pas la dénigrer. On dénigre une institution, en effet, lorsque l'on affecte de méconnaître les services qu'elle a rendus et d'appuyer seulement sur les mauvais côtés qu'elle peut présenter ; mais en présence d'une forme de Société, qui est restée jusqu'ici à l'état de simple projet, et qui n'a du reste aucun antécédent dans l'histoire des peuples, il ne faut pas parler de dénigrement, car le dénigrement est quelque chose de matériellement impossible. Si, plus tard, la Société des Nations est réellement constituée, et produit certains effets, si — ce qui est bien peu probable — elle arrive à déployer une activité bienfaisante, alors on pourra parler de dénigrement en présence de critiques trop acerbes qui lui seraient adressées ; mais tant qu'elle ne sera pas entrée dans le domaine des faits, tant que cette Société restera à l'état de pure entité idéale, on ne la dénigrera pas, parce qu'on ne dénigre que ce qui existe.

La Société des Nations a été, à ce qu'il semble, la grande pensée des auteurs du traité du 28 juin 1919. Six mois se sont écoulés depuis que ce traité a été signé, les ratifications n'en ont point encore été échangées, et l'effet que l'on se flattait d'obtenir par cette innovation, n'a pas encore pu se produire. Cependant, on peut déjà affirmer que la Société des Nations, placée en tête du traité de paix, a été le véritable mauvais génie de ce traité ; elle en a positivement empoisonné les clauses, et si au moment où devrait se produire l'entrée en vigueur des dispositions convenues, des difficultés graves se produisent et s'opposent à leur acceptation générale, c'est surtout à cette invention d'une Société des Nations que ces difficultés sont dues.

Nous n'irons pas, dans le cadre étroit d'une conférence, étudier la Société des Nations au point de vue historique ou au point de vue théorique. Ici-même, nous avons précédemment eu l'occasion de dire que des conceptions nombreuses appartenant à cette catégorie, s'étaient produites, les unes célèbres comme le grand

projet d'Henri IV, les autres fugitives et dès longtemps
oubliées, sans que jamais l'une d'elles ait arrêté l'attention des hommes d'Etat, à plus forte raison sans
qu'aucune d'entre elles ait reçu dans la pratique la
moindre exécution. Nous avons eu ailleurs, et nous ne
voulons pas nous répéter, l'occasion de montrer comment toute construction de ce genre, va à l'encontre
des bases mêmes sur lesquelles repose le droit public
européen, en séparant arbitrairement ces deux attributs
inséparables de la souveraineté, la responsabilité et
l'exercice du pouvoir. Elle doit donc être considérée
pour cette raison comme illusoire et dangereuse.

Ici, nous voulons faire voir la Société des Nations
dans le traité et justifier l'affirmation que nous venons
de porter, à savoir que de toutes les erreurs qui ont été
commises, celle-là a été la plus lourde, qu'elle a péné-
tré le traité tout entier, qu'elle constitue actuellement le
plus gros obstacle qui existe à une paix durable.

Le pacte de la Société des Nations fait l'objet de la
partie première du traité. Avant d'apprécier le rôle qui
est attribué à cette grande association dans les différentes matières que le traité a réunies, indiquons
d'abord les traits principaux de son institution.

La Société des Nations se relie par un lien très visible aux conceptions qui avaient déjà été développées
lors des deux conférences de la Haye, à l'époque où un
effort considérable, mais infructueux, avait été déployé
pour faire accepter par tous les grands Etats le principe
de l'arbitrage obligatoire ; mais cette nouvelle expression des mêmes idées paraît ici avec infiniment plus

d'ampleur et de force qu'à La Haye. Il ne s'agit pas
seulement d'entraver les divers Etats dans la direction
qu'ils donnent à leurs affaires, en les obligeant en cas
de conflit, au moins dans les cas où les conflits sont peu
graves, à recourir à l'arbritrage et par conséquent, à renoncer à prendre les armes pour la défense de leurs
droits ; il s'agit d'aller plus loin et de constituer une
sorte de sur-Etat, c'est-à-dire une personne publique
suprême dont les représentants, qui formeront une Assemblée générale et un Conseil, dirigeront en somme,
sur les points les plus importants, les affaires des divers
Etats compris dans cette association.

Amplifier une tentative déjà partiellement faite,
et demeurée sans résultat, cela peut sembler à la
vérité, d'une méthode assez osée et paradoxale.
Quelles circonstances pouvait autoriser une pareille prétention ? On a dit que la guerre qui vient de finir
avait été si longue et si funeste, qu'elle avait causé la
perte de tant de vies et la consommation de si pré-
cieuses richesses, que le devoir s'imposait de mettre
l'humanité à l'abri de toute guerre semblable dans
l'avenir. L'exemple des maux que l'on venait de traverser, semblait devoir porter ses fruits et décider les
peuples à adopter une organisation rendant impossible
le retour de pareils fléaux. A un état de choses nouveau,
un droit nouveau devait correspondre. Belle formule,
que la réalité, jusqu'ici, n'a pas confirmée.

La guerre est finie depuis un an et plus et ces temps
nouveaux, que l'on nous disait si différents, ressem-
blent étrangement aux temps anciens. On a dit aussi que

c'est pour assurer l'avènement d'une Société des Nations que nos enfants sont morts, qu'ils ont été mutilés. Cela, Messieurs, c'est de l'impiété. Si nos enfants ont courageusement versé leur sang sur la terre de France, c'est pour que cette terre demeure française, et voilà tout. Prêter des vues politiques à leur sacrifice, c'est tenter de le rabaisser. Il y a des arguments que l'on ne donne pas sans honte.

Que certains esprits, confiants à l'excès dans la puissance de leurs théories, entretiennent des espérances semblables, cela ne saurait étonner. Dans tous les temps on a rencontré des rêveurs et des utopistes ; mais autrefois, le bon sens du public faisait à lui seul justice de leurs imaginations.. Que ces mêmes prétentions aient obtenu un sort meilleur, qu'elles aient été accueillies dans le sein de la plus solennelle assemblée que l'on ait vue depuis le Congrès de Vienne, qu'elles aient servi de base à ce qui est certainement le principal dans l'armature du traité, voilà ce qui doit étonner. On s'explique mal ce souffle de folle espérance, pour ne rien dire de pire, qui a traversé ainsi les séances du comité de Paris. Sans doute, l'influence des plus grands, dans cette assemblée — influence qui commandait leur attitude à une foule de courtisans — était d'un grand poids, sans doute aussi beaucoup qui avaient vu avec regret, l'échec des conférences de la Haye, ne comprenant pas la vanité des efforts qui y avaient été déployés, espéraient prendre là une revanche éclatante d'un insuccès qui leur était allé au cœur. Mais tout cela n'explique pas encore la docilité avec laquelle l'opinion commune a accueilli un projet, sortant tout à fait des limites de la science politique expérimentale. Il faut savoir qu'en faveur de ce projet, des raisons puissantes ont été données, qui ne sont pas toutes de la catégorie de la science politique, que des sommes très importantes ont été réunies et répandues pour aider au succès de ce projet, et que la puissance de l'argent est, hélas ! bien grande, mais il faut ajouter que le bon sens public n'a pas d'abord fait preuve sur ce point, d'une résistance suffisante.

Quoi qu'il en soit, voyons quel doit être, d'après notre traité, le fonctionnement de cette Société. Une analyse complète est tout à fait hors de nos moyens, et nous nous bornerons à citer ici les traits les plus saillants.

La Société se compose d'une Assemblée des représentants des Etats qui en sont les membres, Assemblée qui se réunira aux époques fixées, et d'une façon générale, toutes les fois où les circonstances l'exigeront. Mais une Assemblée aussi considérable et dont les membres sont disséminés sur toute la surface du globe terrestre, est quelque chose de bien difficile à réunir et un rouage bien lourd à faire mouvoir.

Au-dessous de cette Assemblée, se trouve un groupe moins considérable et qui paraît devoir être le plus actif dans la vie de la nouvelle Société : c'est le Conseil, composé pour une partie, de représentants des principales puissances, et pour l'autre de représentants de puissances de moindre importance, choisis périodiquement parmi les membres de la Société.

C'est surtout ce Conseil qui, sous le contrôle de l'Assemblée générale, exercera les pouvoirs que l'on entend transmettre à la Société des Nations, et ces pouvoirs ne sont point une petite chose. A quoi tend en effet cette Société des Nations ? A rien moins qu'au désarmement des peuples en armes, à la garantie de leurs possessions, à la suppression de la guerre. On veut refaire le monde, tout simplement. Nous lisons dans l'article 8, que c'est le Conseil qui préparera les plans de la limitation des armements. « Les membres de cette Société — est-il dit dans cet article — reconnaissent que le maintien de la paix exige la réduction des armements nationaux », chose extrêmement contestable, nous le noterons en passant, et ils les réduisent à un taux dont nous ne pouvons pas lire la formule sans un grand étonnement. Ces armements seront réduits au minimum compatible avec la sécurité nationale et avec l'exécution des obligations internationales imposées par une action commune.

Le minimum compatible avec la sécurité nationale, c'est souvent l'obligation d'armer la population tout entière, nous l'avons vu tout récemment, et dans tous les cas, il faut bien observer que comme on ne sait pas d'avance à quels périls on pourra être exposé, il est impossible aussi de mesurer ainsi par avance ce minimum qui sera exigé en toutes circonstances par les besoins de la sécurité nationale.

Le Conseil fera le plan du désarmement proportionnel des différents Etats et proposera ce plan à l'adoption des divers gouvernements. Nous remarquerons ici qu'à la vérité le Conseil ne peut pas imposer son plan. Il l'établira et il le proposera ; mais si ce plan — comme évidemment les auteurs de la convention l'ont fermement espéré — est lui-même agréé par les gouvernements intéressés, le Conseil recevra de l'article 8, un pouvoir véritablement excessif. La limite ainsi fixée ne peut être dépassée par aucun Etat intéressé, sans le consentement du Conseil. Il en résultera qu'un Etat, membre de la Société qui verra, à un moment donné de son existence, que les armements à lui permis ne suffisent pas à assurer sa défense, devra s'adresser au Conseil de la Société des Nations, et attendre, même s'il est en présence d'un danger pressant, que le Conseil ait entendu son rapporteur et qu'il ait jugé dans sa sagesse si oui ou non les limites de l'armement imposées à cet Etat, correspondent aux besoins de sa sécurité ou sont inférieures à ses besoins.

Des dispositions semblables échappent même à la critique ; elles n'auraient quelque apparence de raison qu'autant que l'existence de la Société écarterait sûrement tous les dangers que peut courir la sécurité d'un Etat. Or, on ne peut pas être assuré qu'une création artificielle, telle que celle-là, écartera à jamais les périls nombreux et pressants auxquels les Etats sont soumis. Qu'en cas de péril, une procédure aussi longue, aussi compliquée, aussi futile que celle-là, puisse aboutir à procurer à l'Etat les moyens de se défendre, c'est ce que, en vérité, personne ne sera disposé à admettre.

C'est encore le Conseil qui réglera la question de la fabrication des munitions par les usines privées, et

qui dispensera aux divers membres de la Société la
liberté qui peut leur être laissée à cet égard.

Enfin, pour faire fonctionner ce système de désarmement, un dernier trait est ajouté, véritablement
bien naïf : il est dit à la fin de l'article 8 « que les
membres de la Société s'engagent à échanger de la
manière la plus franche et la plus complète, tous les
renseignements relatifs à l'échelle de leurs armements,
à leur programme militaire naval et aérien et à la condition de leurs industries susceptibles d'être utilisées
pour la guerre ».

Inutile, n'est-ce pas? d'insister sur la valeur d'une
pareille promesse. Comment, dans 10 ans ou dans
20 ans, pourrait-on supposer qu'elle sera tenue, alors
qu'aujourd'hui nous serions déjà très heureux d'être
informés sur le véritable état de l'armement de l'Allemagne, sur les ressources qui existent encore dans ce
pays, et sur celles qu'on le dit occupé à créer de nouveau ?

L'objet de la Société des Nations n'était pas seulement de préparer et de rendre effectif le désarmement
des Etats, il était surtout de diminuer la fréquence des
guerres et même de les faire cesser. Pour cela, les
membres de la Société, reprenant une formule déjà
employée, au moins dans des termes très voisins, par
les diplomates de la Sainte-Alliance, se sont engagés à
respecter et à maintenir contre toute agression exté-
rieure, l'intégrité territoriale et l'indépendance politique présente de tous les membres de la Société.

L'article 10, qui contient la formule de cette énorme

obligation, laquelle, comme on sait, a fait reculer les Etats-Unis d'Amérique, ajoute qu'en cas d'agression, de menace ou de danger d'agression, le Conseil avise aux moyens d'assurer l'exécution de cette obligation.

Il est impossible, sans doute, de trouver une disproportion aussi forte entre un principe et les moyens inventés pour assurer son exécution. Le principe, ce n'est rien de moins que la garantie de l'intégrité territoriale et de l'indépendance des Etats, principe que l'on conciliera, si l'on peut, avec cet autre principe du droit des nationalités que le traité a également consacré.

Laissons de côté ce point de vue, et supposons que ce principe puisse être effectivement suivi, qu'il n'aille pas se briser contre la loi de perpétuel changement qui est la loi historique du développement des nations. Comment est-il garanti ? Par le Conseil de la Société. Si une agression menace l'un des Etats membres de cette Société, si l'ennemi est à ses portes avec ses bataillons, ses batteries et tout l'attirail qui sert à faire la guerre, la seule ressource de l'Etat menacé sera de s'adresser à ce minuscule Conseil de la Société des Nations, sans que ce Conseil, du reste, possède le plus petit moyen de parer à la nécessité qui se présente, et de détourner des frontières de cet Etat l'invasion qui le menace. Sans doute, les prétentions premières des artisans de la Société des Nations étaient plus étendues ; on avait songé à une armée commune, à la création d'une force imposante mise à la disposition du Conseil, puis il avait fallu y renoncer, et cette partie du projet primitif demeura au nombre des espérances non encore réalisées. Mais, à défaut d'une puissance militaire et navale, on ne voit véritablement pas comment le Conseil, ainsi avisé, pourra remplir sa fonction, et quels moyens il aura de venir au secours de celui qui aura imploré son aide.

En admettant même que les membres de la Société fussent prêts à mobiliser, sur les ordres de ce Conseil, ce qui serait, à la vérité, bien extraordinaire, bien contraire aux traditions de la politique, encore faudrait-il que le Conseil eut le temps de se réunir, d'établir une correspondance avec les Etats susceptibles d'être chargés de la mission d'appuyer ses commandements; bref, que toute une procédure fut suivie, pendant laquelle l'Etat menacé et auteur de la plainte aurait eu, certainement, dix fois le temps de disparaître sous les coups de son ennemi.

Il est étrange que les membres de la Conférence de la paix n'aient pas été frappés du caractère purement utopique de cet article, et de la disproportion véritablement ridicule existant entre l'objet de la Société et les moyens mis à la disposition de ses représentants.

Du reste, l'article suivant déclare que toute guerre affectant, même comme simple menace, l'un des membres de la Société, intéresse la Société tout entière, et que celle-ci doit prendre les mesures propres à sauvegarder efficacement la paix du monde. Quelles mesures ? Les mesures que le Conseil délibèrera après avoir été convoqué par son secrétaire général, convocation que peut occasionner toute demande prove-

nant d'un membre de la Société. Mais ici encore la
futilité éclate aux yeux. Pense-t-on que sur la simple
demande d'un Conseil, les Etats mobiliseront leurs
troupes ? Il faudra que les chefs d'Etats s'y résolvent,
que les Parlements y consentent ; de là des délais sans
nombre, de là la perspective d'oppositions et de com-
plications conduisant à la paralysie générale de ceux
sur l'appui desquels on avait compté pour faire cesser
la menace existant pour la paix publique.

Des dispositions d'un genre un peu différent, con-
çues dans le même esprit, et affectées malheureusement des mêmes vices, visent la solution amicale des
conflits qui éclatent régulièrement entre les peuples.
et que l'on ne peut pas supposer ne pas devoir éclater
dans l'avenir. Ainsi, l'article 13 porte que les membres
de la Société auront recours à l'arbitrage s'il s'élève
entre eux un différend susceptible, à leur avis, d'une
solution arbitrale. C'est dire tout simplement qu'ils
auront recours à l'arbitrage lorsqu'il leur plaira d'y
avoir recours, et sur ce point, le progrès effectué par
l'acte de Société se réduit exactement à rien. Toutefois,
en renouvelant une formule chère déjà aux diplomates
de La Haye, on a entendu que pour certains conflits,
ceux qui sont relatifs à l'interprétation d'un traité, à
un point de droit international, à l'existence d'un fait
qui constituerait la rupture d'un engagement international ou à la réparation causée par une pareille rupture, l'arbitrage est un mode de solution choisi
d'avance et déclaré le plus convenable. Rien ne permet, du reste, d'affirmer que les conflits provenant de

pareilles causes, soient moins graves que les autres,
(et précisément nous venons de repousser une demande
de l'Allemagne, tendant à faire arbitrer un point d'interprétation du traité de paix), ceux notamment qui
intéressent le droit international, mettent en jeu un
droit assez mal limité et assez mal connu, et par conséquent, rien n'indique que cette spécialisation doive
rencontrer un accueil plus favorable que celui qu'elle
a trouvé, lorsqu'elle avait été tentée à la Haye.

Je noterai même dans cet article un dernier para-
graphe où se trouve une formule de nature à étonner
singulièrement un jurisconsulte. Les membres de la
Société s'engagent à exécuter de bonne foi les sentences rendues, et à ne pas recourir à la guerre contre
tout membre de la Société qui se conformera à ces
sentences. Dans cette promesse, je verrais plutôt une
rétrogradation qu'un progrès, car lorsque l'on convient
qu'un arbitrage sera organisé en vue de décider une
question pendante, il est entendu que l'on se conformera à la sentence arbitrale, sans cela le recours à
l'arbitrage serait une pure tromperie.

A côté de l'arbitrage facultatif, le Conseil figure
encore comme exerçant une sorte de juridiction, dans
le cas où entre membres de la Société s'élève une difficulté, et où l'un d'eux prend le parti de la porter à
la barre de ce Conseil. Cette juridiction est surtout
amiable, le Conseil fait un exposé des faits, il propose
les mesures qu'il juge utiles, il ne rend pas de juge-
ment, mais il rédige un rapport contenant notamment
les conditions dont il recommande l'adoption. Si ce

rapport est accepté à l'unanimité, les membres de la Société s'engagent à ne recourir à la guerre contre aucune partie qui s'y conformera, ce qui semble impliquer, bien que la chose ne soit pas dite, presque un conseil à eux adressé, de recourir à la guerre contre ceux des membres sociaux qui ne se conformeraient pas au rapport ainsi établi. Tout cela est bien compliqué et bien hésitant. Parmi ces membres de la Société qui promettent ainsi de ne pas recourir à la force contre l'Etat qui a suivi la recommandation du Conseil, faut-il comprendre même l'Etat adverse, celui qui est impliqué dans le débat ? Alors cette prétendue recommandation est, en réalité, une sentence sans appel, et il aurait mieux valu le dire. Cet Etat adverse en est-il exclu, alors on n'aperçoit plus le sens de cette phrase qui semble avoir été entortillée à plaisir ?

Il ne faut pas s'occuper seulement des grandes tâches que le traité de paix a proposées à la Société des Nations ; le traité a, en outre, fait de cette Société un organe singulièrement actif, organe chargé de prêter son ministère sur de nombreux points, à l'exécution du traité. Même à cet égard, il n'est pas sans intérêt d'observer que les promoteurs de la Société des Nations, croyant sans doute par là, augmenter de beaucoup les chances de sa constitution et de sa vie, ont enchevêtré les interventions confiées à cette Société, dans le fonctionnement du traité de paix, d'une façon si multiple, si serrée, qu'il semble évident que l'on a voulu obliger les signataires du traité à adopter le plan de cette Société ou à renoncer à l'exécution du traité.

Parmi ces fonctions multiples déférées à la Société
des Nations, nous choisirons les principales, car il serait impossible de descendre dans tout le détail de ces
fonctions ; nous parlerons d'abord de l'intervention de
la Société des Nations dans les affaires du bassin de la
Sarre..

On sait que le bassin de la Sarre, occupé actuellement
par nos troupes, contient des mines dont la propriété
a été donnée par le traité à l'Etat français, que du reste
la condition de ce territoire demeure incertaine, qu'il
y aura lieu, après un délai de quinze ans (article 49),
de consulter la population de cette région sur la souveraineté à laquelle elle voudra dorénavant être reliée.
Voilà donc une période d'incertitude de quinze ans
pour le bassin de la Sarre. Comment cette terre va-t-elle
être administrée ?

Il aurait été logique, ce semble, puisque les armées
françaises occupent ce territoire et que, du reste, les
mines qui en sont la grande richesse, sont attribuées
d'une façon définitive à l'Etat français, de donner au
gouvernement français l'administration du bassin de
la Sarre.

Le traité n'en a rien fait. Il a, au contraire, placé
le bassin de la Sarre sous l'administration de la Société
des Nations, à laquelle l'Allemagne confie, comme à
un fidéi-commissaire, le gouvernement du territoire
en question. Une annexe contient toute une série de
clauses relatives à ce gouvernement. Nous y lisons que
le bassin de la Sarre sera administré par une commission représentant la Société des Nations ; que cette com-

mission sera composée de cinq membres ; qu'elle comprendra un membre français, un membre non français et originaire du territoire, puis trois membres ressortissants à trois pays autres que la France et l'Allemagne ; que cette commission possèdera tous les pouvoirs du gouvernement et apportera au besoin aux lois et règlements en vigueur sur le territoire, les modifications qui paraîtraient nécessaires. La justice sera rendue en son nom ; elle organisera une cour civile et criminelle pour juger en appel des affaires décidées en première instance par les tribunaux du pays"; bref, elle exercera tous les pouvoirs qui, normalement, sont confiés au gouvernement civil d'une province.

Cette idée, de confier à la Société des Nations, l'administration du bassin de la Sarre, administration qui même, est susceptible de se transformer en prise de possession définitive, si à l'expiration de la période probatoire les habitants le demandent, cette idée est en vérité plus qu'étrange.

La Société des Nations, comme nous le savons, se compose esesntiellement d'une Assemblée générale qui, par suite de la composition même de son personnel, et le nombre de ses membres, ne se réunira presque jamais, et d'un Conseil où siègeront des membres en nombre restreint. En réalité, c'est ce Conseil de la Société des Nations qui, exerçant son autorité sur la commission qu'il aura nommée, aura la haute main sur l'administration de ce pays.

Or, ce Conseil lui-même n'a aucun intérêt dans cette administration. Rien ne garantit que les membres qui le composeront, ou la majorité d'entre eux, posséderont les lumières nécessaires pour pourvoir à une bonne administration. Rien ne prouve non plus qu'ils agiront suivant des vues désintéressées. Rien non plus n'indique que les dits membres soient revêtus d'une autorité assez grande pour que leurs décisions soient accueillies sans protestation. Bien plus, il est à prévoir que souvent il pourra se produire dans le sein même du Conseil, des divergences sur les mesures à prendre et qu'alors cette administration qui devait servir la cause de la paix, fournira l'occasion de nouveaux litiges.

Mais ce n'est pas tout, et bien certainement, lorsque les rédacteurs de la convention de Versailles ont adopté cette solution bizarre, ils n'ont pas prévu à quels dangers ils couraient. Il est fort possible, si possible qu'à la vérité on doit s'y attendre, que des difficultés naissent, soit à l'occasion de l'exploitation des mines, soit par suite de l'exercice des pouvoirs militaires des généraux français. Ces difficultés, que des influences mauvaises pourront faire naître à plaisir, seront de la compétence de la commission administrative siégeant sur le territoire, et en dernière instance du Conseil des Nations. Pense-t-on que la France, propriétaire des mines, acceptera l'ingérence d'autorités étrangères dans des questions qui la touchent de si près ? et pourrait-on admettre que les actes de police jugés nécessaires par nos autorités militaires, fussent contrecarrés et détruits par la décision de la commission installée par la Société des Nations ?

On a dit quelquefois que, comme compensation des avantages immenses que l'on se flattait d'obtenir de l'institution d'une Société des Nations, les Etats se prêteraient volontiers aux restrictions de souveraineté que le fonctionnement de cet organisme nouveau rendrait nécessaires. Nulle parole plus imprudente que celle-là. Si l'on considère simplement les dangers que l'intervention de la Société des Nations dans les affaires du bassin de la Sarre peut faire courir, on acquiert vite la conviction que l'Etat français trahirait son devoir en permettant que sa légitime autorité put être battue en brèche sur quelque point que ce fût par les mandataires de ladite Société.

Cet exemple, le plus voisin de nous, est aussi le plus frappant que l'on puisse faire, celui qui nous touche de plus près ; mais il n'est pas le seul.

La Société des Nations a également un rôle à jouer en Pologne. Nous lisons dans l'article 98 du traité que l'Allemagne et la Pologne concluront, dans l'année qui suivra la mise en vigueur du présent traité, des conventions, dont les termes seront, en cas de contestation, établis par le Conseil de la Société des Nations, conventions destinées surtout à faciliter les communications par voie ferrée, par télégraphe et téléphone entre l'Allemagne et la Prusse orientale à travers le territoire polonais.

N'y a-t-il pas quelque chose, non seulement de nouveau, mais même d'inouï, à établir que des conventions qui concernent deux nations, seront établies elles-mêmes, dans les cas très fréquents ou des contestations

s'élèveront sur leur teneur, par une assemblée irres-
ponsable et dont les membres manqueront tout à la
fois et de la compétence et de l'autorité et de l'indépendance nécessaires ?

Tout à l'heure, la Société s'emparait d'un pouvoir
d'administration et de gouvernement, naturellement
dévolu à la France ; la voici maintenant qui régente les
rapports diplomatiques de l'Allemagne et de la Pologne. A quel titre, et pourquoi ? Ces deux nations ne
sont-elles donc pas capables de préparer elles-mêmes
leurs traités ?

De même l'article 102, relatif à la question si discu-
tée de l'état de la ville de Dantzig, la déclare ville libre
et la place sous la protection de la Société des Nations.
Que peut signifier exactement cette protection accordée à la ville de Dantzig, alors que la Société des Nations ne possédera aucune force lui permettant de
prendre les mesures de protection qui pourraient devenir nécessaires, et que, du reste, son intervention, en
la supposant utile, exigera toujours un temps beaucoup
trop long pour que le secours qu'elle enverrait, fut
efficace ?

Un haut commissaire de la même Société des Nations aidera à la constitution de la ville libre de Dantzig,
et cette constitution sera placée également, comme le
territoire lui-même, sous la garantie de ladite Société.

Ceci déjà paraît assez compliqué par soi-même ; mais
un trait particulier contribuera encore à assombrir ce
tableau : c'est que dans les affaires polonaises, égale-

ment dans celles qui concernent les villes de Memel et de Dantzig, la Société des Nations n'est pas le seul organe international auquel le traité confie la direction et la garantie des intérêts des populations. A côté d'elle, nous voyons surgir une institution mal délimitée et qui, cependant, reçoit aussi de nombreux pouvoirs, celle des délégués des principales puissances alliées et associées.Ce sont ces délégués qui fixeront les frontières de la Pologne en tant qu'elles n'auront pas été déterminées par le traité lui-même ; ce sont eux également qui gouverneront le territoire de la Prusse orientale après le départ des troupes et des autorités allemandes (art. 95), et qui, notamment, auront dans leurs attributions la préparation du plébiscite qui doit fixer définitivement le sort de ces régions. Les principales puissances alliées et associées prendront les mesures nécessaires pour assurer la liberté du territoire de Memel (article 99), et détermineront les frontières de la ville .de Dantzig ; elles prépareront également la convention à intervenir entre le gouvernement polonais et ladite ville de Dantzig.

Ce sont tout autant de détails qui ne présentent peut-être pas en eux-mêmes un très grand intérêt ; cependant, en voyant les nombreux points sur lesquels se manifestent d'une part, les pouvoirs accordés aux mandataires de la Société des Nations, et d'autre part, ceux des commissaires des principales puissances alliées et associées, il devient clair qu'un système aussi compliqué aboutira rapidement à des conflits graves et ne sera vraiment pas celui qu'on aurait dû organiser pour as-

surer la paix intérieure dans des régions qui sont, à
l'heure actuelle encore, très bouleversées.

Une autre fonction, très importante encore celle-là,
dévolue à la Société des Nations, concerne les colonies
que l'Allemagne est obligée d'abandonner par le traité.
La conception des auteurs de la convention a été ici
véritablement étrange. Dans un long article (22), qui
ressemble beaucoup plus à une proclamation qu'à une
clause de traité ou à un article de loi, il est expliqué
que les colonies abandonnées par l'Allemagne, seront
attribuées aux diverses puissances qui les gouverneront
en qualité de mandataires de la Société des Nations, et
il est longuement expliqué dans ledit article que, suivant le degré de civilisation des populations habitant
les territoires dont il s'agit, cette administration, con-
férée par mandat, devra être elle-même différente et
que notamment, la participation laissée dans la direction des affaires de ces contrées à la population du pays
sera, suivant les lieux, très variable.

Certes, on a voulu bien faire, mais cette idée de man
dat intervenant dans une pareille occasion, ne paraît
pas du tout correspondre aux nécessités de la situation
Le mandat — si les termes juridiques ont encore un
sens — est un état de droit qui constitue la personne
qui en est investie et qu'on appelle le mandataire,
sous l'autorité directe du mandant. Le mandant peut
toujours révoquer le mandat qu'il a donné et ce mandat
est tellement personnel qu'il disparaît par la mort du
mandant. Lorsque la Société des Nations aura ainsi attribué à diverses puissances le mandat de gouverner les

colonies allemandes, pense-t-on que dans ce gouvernement les puissances en question se résigneront à être
les subordonnées de la Société des Nations? Si ce grand
corps, ou plutôt le Conseil, beaucoup plus limité, qui
le représente, est mécontent de la façon dont une colonie allemande est administrée, puisera-t-il dans les principes du mandat le droit de révoquer cette procuration
qu'il a donnée et de remettre cette colonie à une autre
puissance? Ou bien encore, si la Société des Nations
vient à disparaître — un sort qui l'attend certainement,
si toutefois elle est jamais constituée et fonctionne —
faudra-t-il dire que le mandat disparaîtra avec la Société
et que, par conséquent, le mandataire devra immédiatement abandonner l'administration qui lui avait été
confiée?

Il faudrait peu connaître les choses de ce monde, et
en particulier les principes qui gouvernent la politique
des Etats pour penser que de pareils droits seront jamais
sanctionnés.

Evidemment, les puissances qui auront reçu de pareils mandats se considéreront comme purement et simplement maîtresses des territoires qui leur auront été
attribués, cela est inévitable ; mais alors, pourquoi employer le mot de « mandat » ? Pourquoi introduire des
principes si nouveaux dans un domaine où leur fonctionnement ne peut manquer d'aboutir à un échec complet ? Peut-être, en employant cette expression assez
légère de « mandat », a-t-on voulu laisser une porte
ouverte aux revendications de l'Allemagne et à la restitution éventuelle de ses colonies ; mais il est bien cer-

tain que l'Allemagne ne pourrait obtenir cette restitution qu'autant qu'elle serait revenue à sa puissance ancienne, et ce jour-là évidemment, pour elle, les stipulations du traité de paix auraient peu de poids.

Ces exemples sont les principaux que l'on ait à citer du fonctionnement réservé par le traité à la Société des Nations.

Toutefois, nous la voyons encore intervenir, en vertu de l'article 134, dans des questions de désarmement de l'Allemagne où vraiment ses délégués feront, il faut le craindre, une assez petite figure.

De même (article 213), la Société des Nations est investie d'un droit général d'investigation tendant à renseigner le monde sur l'exécution loyale par l'Allemagne du traité de paix. De même encore, nous la retrouvons à propos des clauses commerciales du traité (article 280), et, chose beaucoup plus étrange, par l'article 289, elle est constituée dans une certaine mesure, juge de la remise en vigueur des conventions existant antérieurement à la guerre, et sur ce point, véritablement, on ne peut pas apercevoir quel est le sens et la raison de la désignation de la Société des Nations.

Evidemment, ainsi que nous le disions plus haut, en multipliant à plaisir ses attributions — car nous n'avons pas la prétention de les avoir énumérées toutes — les auteurs du traité ont voulu rendre la création à laquelle ils s'attachaient de préférence, chose indispensable ; ils n'ont pas songé aux déboires qu'ils se préparaient si, malgré leurs intentions, ce projet de la Société des Nations n'était finalement pas accueilli.

Or, à l'époque actuelle, il est déjà très douteux que la Société des Nations prenne jamais une réalité quelconque; elle est mourante, si elle n'est pas complètement morte. C'est un enfant à qui sa débilité n'a pas permis de dépasser la période de la gestation et que la lumière du jour a tué. Sera-t-elle constituée pour faire honneur au traité ? C'est rigoureusement possible, mais ce que l'on ne peut pas compter dans le nombre des choses que l'on peut s'attendre à voir, c'est que cette Société des Nations puisse s'acquitter paisiblement de l'œuvre très considérable qui lui est confiée.

Faudra-t-il se résigner à suivre littéralement le traité sur ce point ? Un remède ne peut-il pas être trouvé aux difficultés de cette situation ?

Nous avons dit antérieurement que nous n'étions nullement parmi ceux qui demandent que le traité soit défait pour être ensuite refait, ce serait une œuvre trop grosse, et qui, en réalité, risquerait de substituer un désordre général à un désordre limité. Cependant, en face de l'impossibilité qu'il y aura sans doute à faire fonctionner ainsi la Société des Nations, et en présence du mauvais accueil reçu par cette création, particulièrement en Amérique, il semble que l'on pourrait trouver un moyen assez simple, sans nuire à l'économie du traité, de se passer du concours de cette fameuse Société des Nations. Il ne serait pas besoin pour cela de détruire le traité ni même de le remanier profondément ; il semble qu'il serait suffisant de remplacer la mention de la Société des Nations partout où elle a été introduite dans le fonctionnement du traité, simplement par l'institution de ces commissaires des principales puissances alliées que nous voyons déjà fonctionner. Par là, on remettrait les affaires politiques européennes dans leur voie normale, aux mains des Puissances qu'elles concernent.

Dans un des articles qui traitent de ces questions, l'article 227, les principales puissances alliées et associées sont énumérées, ce sont : les Etats-Unis, la France, la Grande-Bretagne, l'Italie et le Japon. On peut donc considérer que, relativement à l'exécution du traité, ces puissances sont ce qu'étaient autrefois les grandes puissances : les puissances directrices de la politique du monde. C'est très juste, mais on peut aussi regretter de ne pas voir dans leur nombre, la Belgique qui aurait mérité cet honneur. Il n'est pas impossible du tout que ces puissances nomment des commissaires qui statueront ainsi sur les affaires communes auxquelles les délégués de la Société des Nations devaient présider. Ainsi se maintiendra entre elles cette alliance qu'il est essentiel de conserver, ainsi les questions d'intérèt général seront décidées par les Puissances qui sont en fait les garantes de la paix du monde et ceux-là auront le droit d'agir qui supportent en définitive la responsabilité de l'action à intervenir.

Pour cela, un simple protocole est suffisant ; il pourrait être signé sans aucun embarras et sans aucun délai par les puissances intéressées.

La Société des Nations nous apparaît dans le traité de paix comme une nouvelle et plus énergique tentative de faire prévaloir les idées en vue du triomphe

desquelles les conférences de la Haye avaient été orga-
nisées. Ce nouvel essai n'est certainement pas promis à
un meilleur succès que les précédents.

Essayer d'établir un sur-Etat, c'est une pure chimère,
et pour vouloir, par ce moyen procurer le bonheur uni-
versel, on risque de troubler profondément les ressorts
mêmes des Etats et de faire naître une quantité de conflits nouveaux. Les utopies du genre de la Société des
Nations devraient rester confinées à la littérature hu-
manitaire ; elles ont leur patrie d'élection dans les congrès, qu'elles y restent, et précisément, la Société paraît sur la voie de revenir à la forme académique de son
existence, la seule forme qui lui convienne. Et que l'on
se rappelle que dans les affaires publiques comme dans
les affaires privées, le mieux peut être l'ennemi du
bien.

Les Satisfactions de la France

Je vous parlerai aujourd'hui des satisfactions de la
France. Ce mot m'est particulièrement agréable à prononcer parce que c'est à ce titre et sous cette dénomination qu'au moment du Congrès de Westphalie
nous avons obtenu la cession définitive des Trois Evêchés et de l'Alsace. La France sortait, à cette époque,
d'une guerre dans laquelle elle avait lutté pour les
libertés de l'Allemagne ; elle fit admettre sans grande
difficulté cette idée que quand un peuple ne résout
à employer ses forces à un objet d'intérêt général, il
a droit à une satisfaction au cas où le succès vient couronner ses efforts. C'est ainsi que les demandes de la
France se présentèrent à Munster et à Osnabrück sous
ce terme de « satisfactions ».

La France méritait alors des compensations sérieuses. Depuis 1635, après l'échec des Suédois à Nordlingen, le gouvernement du Cardinal de Richelieu
avait mis en mouvement les armées françaises et

entretenu la guerre à la fois· dans les Pays-Bas, sur le Rhin, en Italie et en Espagne ; ce sont les campagnes au cours desquelles s'illustrèrent le maréchal de Guébriant, le prince de Condé, Turenne. Au moment où les négociations s'engagèrent, Mazarin demanda la confirmation de la possession des Trois Evêchés que nous tenions déjà en qualité de protecteurs depuis près d'un siècle, puis la cession de l'Alsace tout entière, cela en vue de nous dédommager des frais que nous avions faits pour cette guerre. Après certaines hésitations et malgré certaines résistances, l'accord finit par se faire et l'Empereur reconnut, au profit de la France, le droit auxdites satisfactions. Mais alors les Etats allemands, membres de l'Empire, qui devaient au moins, pour la forme, donner leur consentement à l'acte de cession, protestèrent ; ils entendaient que les cessions faites à la France fussent limitées au droits de l'Autriche dans les pays cédés. Servien, qui était un de nos plénipotentiaires à Munster, refusa toute modification dans le traité primitif, exigeant que les satisfactions fussent telles qu'il les avait demandées, et lorsque l'envoyé du duc de Wurtemberg présenta un mémoire au secrétaire d'Etat de Brienne sur la question, celui-ci ne voulut même pas ouvrir le paquet qui lui était remis. C'est ainsi que l'on traitait autrefois avec les Allemands.

On voit donc combien nous étions à cette époque intransigeants sur les satisfactions qui nous étaient dues, et du reste il faut convenir que cette intransigeance était la sagesse même. Si nous avions admis,

comme on voulait nous l'imposer, que les petits souverains locaux garderaient les droits qu'ils possé-
daient jusqu'alors sous la suzeraineté de l'Empire,
ces droits auraient été l'occasion de querelles cons-
tantes, querelles qui a première vue n'étaient pas bien
graves pour la France, mais dont le péril aurait été
de provoquer des interventions et par là de faire
remettre perpétuellement en question nos droits sur
l'Alsace.

Voilà donc comment dans cette circonstance mémo-
rable furent admises les satisfactions de la France.

Actuellement, au terme de la guerre qui vient de se
clôre, avons-nous droit à des satisfactions ?

A cette question on peut répondre hardiment qu'en
aucune occasion précédente la France n'a eu plus de
droit à des satisfactions sérieuses. Tout d'abord, à
cause de l'injustice manifeste de l'agression qui nous
a obligés à prendre les armes alors que nous respec-
tions pleinement les droits d'autrui, puis à raison de
la durée de la guerre. Jamais, on peut le dire, dans
aucun temps une pareille guerre n'a eu une semblable
durée. La grandeur absolument inouïe des pertes subies, pertes en hommes et en richesses, les destructions, les ravages, les faits de pillages prémédités et
accomplis sur le territoire français occupé par les
armées ennemies, sont bien aussi, semble-t-il, le fondement d'un droit solide à des satisfactions étendues.
Enfin, on ne doit pas oublier les frais énormes que
cette guerre a entraînés, on peut d'autant moins les
oublier que le traité a, sans doute par une sorte de né-

cessité, laissé ces frais à la charge de ceux qui les ont faits. De toutes ces pertes que nous avons dû subir sans notre volonté, contre notre volonté et alors que l'on n'a pu nous reprocher en tout ceci pas même la plus petite imprudence, seuls les destructions et les pillages seront compensés par l'indemnité de guerre ; si toutefois cette indemnité se paie, ce que l'on ne saura qu'au moment où elle devra être payée.

Quant à ces pertes en hommes dont on ose à peine répéter le chiffre, et quant aux frais de la guerre, rien ne les compense. N'y avait-il pas lieu par là même à une très large indemnité et ne semble-t-il pas que le monde entier était intéressé à nous l'accorder puisque c'est pour la liberté du monde que nous avons combattu ? Et en quoi cette satisfaction pouvait-elle consister si ce n'est pas dans une augmentation sensible du territoire français ? Nous avions droit à une large extension territoriale, au moins et en faisant nos prétentions aussi réduites que possible, à l'acquisition définitive de toute la rive gauche du Rhin conformément à la politique suivie par l'ancienne monarchie française et continuée par les Assemblées de la Révolution.

Sur ce point, le traité a causé à tous une douloureuse surprise. Nous avons été longtemps sans comprendre, et nous ne comprenons pas encore très bien comment la France a renoncé dans cette circonstance à revendiquer la rive gauche du Rhin. Nous avons, il est vrai, reçu l'Alsace et la Lorraine et, certes, mon intention n'est pas ici de déprécier le grand bienfait

qu'est pour nous le retour de ces deux belles provinces
à la mère-patrie ; pourtant, disons-le, la restitution
de l'Alsace et de la Lorraine n'est pas pour la France
une satisfaction suffisante. Considérons en effet que
la population totale de ces deux provinces n'équivaut
même pas aux vies sacrifiées au cours de cette campagne, que ces terres ont été, en 1870, gagnées par la
Prusse dans une campagne de six mois ; ce qui peut
être la récompense d'une campagne de six mois ne
suffit certainement pas à rémunérer une guerre de
plus de quatre ans. Voilà ce que se dit notre bon sens
français, cela et d'autres choses encore que nous verrons dans un instant.

Mais les décisions de la conférence ont trouvé chez
nous des apologistes, surtout dans le camp de ceux qui,
je ne sais pour quelles raisons, se font si volontiers les
avocats d'office des intérêts allemands. Ces défenseurs
des décisions prises fournissent de nombreux arguments. La guerre ne doit pas être, suivant eux, un
moyen d'acquérir, puis il y a quelque chose de contraire au droit naturel des peuples à arracher un groupe
d'habitants à sa nationalité ; les conquêtes, ajoute-
t-on, préparent les guerres futures et sont indignes
pour cela d'une civilisation aussi avancée que la
nôtre ; enfin, les dispositions du traité garantissent
suffisamment la sécurité de la France sans qu'elle ait
besoin pour se maintenir en paix d'une extension de
territoire.

Dans quel monde nous transporte ce nouveau cou-
rant d'idées ? Ce n'est pas à coup sûr dans un monde

réel et véritable, mais dans un monde idéal sur lequel il est bien dangereux de vouloir modeler la réalité.

Examinons ces raisons successivement, nous verrons vite quelle est leur valeur.

Les guerres, dit-on, ne sont pas un moyen d'acquérir. Alors comment se fait-il que tous les grands Etats modernes se sont formés par la guerre et que leurs territoires se sont progressivement accrus grâce à des concessions arrachées d'adversaires dans des traités de paix ? Depuis l'abandon de l'antique système de la patrimonialité qui faisait acquérir des couronnes à titre héréditaire ou par l'effet d'un mariage, les Etats se sont tous étendus et augmentés par l'action de la force. En particulier, comment la Prusse, comment l'empire actuel d'Allemagne se sont-ils formés ?

La Prusse était, on le sait, à l'origine un Etat de très médiocre étendue et qui pendant longtemps ne fit même pas partie de l'empire d'Allemagne, la Prusse appartenait plutôt au monde slave. Si elle est devenue un grand Etat allemand et si elle a réussi à englober l'Allemagne entière et à la réduire sous sa domination, c'est par l'effet de guerres heureuses : guerre de Silésie qui lui a permis d'acquérir au détriment de l'Autriche un domaine large et précieux ; guerres de Pologne et démembrement de ce royaume ; guerres napoléoniennes, où la Prusse, il faut bien le reconnaître, s'est montrée parmi les adversaires les plus puissants et les plus obstinés des armées de la France, mais qui lui ont donné une grande partie de la Saxe et qui l'ont par malheur transportée sur la rive gau-

che du Rhin où, jusque là, elle ne jouissait que de
quelques possessions insignifiantes. Dans le cou-
rant du xix° siècle la même politique s'est continuée
avec le même succès. Ce sont les guerres de 1865 et
de 1866 qui lui font acquérir le Schleswig, le Holstein,
puis par l'effet desquelles elle put, grâce à la prépondérance de ses armes, annexer la Hanovre, la Hesse,
le Nassau, la ville de Francfort, et nouer des rapports
intimes avec les Etats du Nord et du Sud, et faire
des premiers des confédérés, des seconds des alliés.
Enfin la guerre de 1870 est venue, mettant le comble
à la fortune de la Prusse, lui permettant de fonder
le nouvel Empire allemand et lui faisant acquérir
sur le territoire français lui-même la possession de
l'Alsace-Lorraine.

Donc, c'est par la seule force que l'Empire allemand
a été édifié, et s'il a acquis avec cette unité dont on
parle tant actuellement, la conscience de cette unité,
c'est exclusivement par un emploi judicieux et heureux de la force. Ce grand ensemble que la force a
engendré et à qui la force est venue un jour à manquer, à quel titre voudrait-on le défendre contre la
revanche de la force ? Pourquoi une force venant
en sens opposé, ne détruirait-elle pas ce que la force
avait elle-même créé ? Les idées nouvelles et le perpétuel hymne chanté au progrès ne sont pas d'un
grand poids lorsqu'on les compare aux leçons que
nous donne l'histoire du monde. L'histoire du vieux
monde consacre toute entière l'idée de l'influence de la
force et de sa prépondérance dans la formation et

dans la destruction des Etats et sur ce point, il faut bien
l'observer, l'histoire du nouveau monde n'est pas sensiblement différente de celle de l'ancien, car la force
a, elle aussi, constitué les nations qui vivent de l'autre
côté de l'Océan. C'est bien par la force que les anciennes colonies de l'Espagne et du Portugal ont
assuré leur indépendance, et la force a joué un rôle
important dans la formation des Etats-Unis d'Amérique.

Du reste, et en se plaçant uniquement sur le terrain
de la raison, on ne voit vraiment pas pourquoi la
guerre ne deviendrait pas un moyen d'acquérir lorsqu'il s'agit pour celui qui l'a gagnée, de compenser
des pertes subies. Est-il donc plus juste de faire supporter définitivement au vainqueur l'affaiblissement
résultant de ses pertes que de lui permettre de réparer
ses forces en s'adjoignant une part convenable de
territoire prise sur les domaines du vaincu ?

Ce qui rend la décision de la Conférence de la
paix plus étrange encore, c'est que, en même temps
qu'elle imposait à la France, à l'aide de raisons dou-
teuses, le sacrifice de ses légitimes espérances, elle ap-
prouvait au contraire les nations alliées qui, procédant
conformément aux anciens principes décidaient de se
payer directement et au détriment du vaincu les dépenses qu'elles avaient été amenées à faire. A-t-on protesté
lorsque l'Angleterre s'est fait livrer la flotte allemande
et a ainsi consacré à nouveau sa suprématie maritime
qui est sa véritable puissance ? et s'est-on opposé
à la conquête qu'elle a faite des colonies allemandes ?

Encore l'Angleterre avait-elle consenti de très larges sacrifices ; mais l'Italie, dont les dépenses en hommes et en argent n'ont pas été égales de bien loin. L'Italie a profité de l'occasion pour réaliser les ambitions de son irrédentisme, et il est étonnant de constater que les mêmes pratiques exercées au détriment de la Prusse soulevaient des protestations, et n'en soulevaient plus lorsqu'il s'agissait d'amputer l'Autriche. La Grèce elle-même, si longtemps douteuse, profite pour s'agrandir du succès des armes auxquelles elle a fini par se rallier. Et des Etats fort éloignés de nous, le Japon par exemple, font approuver par la Conférence les conquêtes par eux réalisées. Qu'est-ce en effet que cette occupation du Shantung, approuvée par le traité de paix, sinon une conquête de la plus haute importance, une conquête qui met la main du Japon sur la Chine et qui pourrait être le prodrome de guerres mortelles.

Ainsi, pendant que de notre côté on opposait de mauvais raisonnements à des prétentions basées sur l'expérience, lorsqu'il s'agissait de nos alliés on admettait au contraire que ce qui a été de tout temps l'usage des nations reçut dans la circonstance une nouvelle application à leur profit.

On dit aussi — et c'est un argument de nature à faire impression sur l'esprit — que les conquêtes sont plus dangereuses qu'utiles parce qu'elles préparent les guerres futures. Il n'est pas, en effet, sans exemple que des conquêtes, surtout des conquêtes excessives, aient rendu nécessaires des luttes ultérieures, mais s'il y a des conquêtes qui préparent des guerres futures, il y a aussi des conquêtes qui peuvent épargner à un pays les guerres qui le menacent, et l'attribution à la France de la rive gauche du Rhin rentrerait précisément dans cette catégorie et, pour cette raison déjà, ne mériterait pas à la vérité d'être appelée véritablement une conquête.

Si en effet tant de personnes en France, et des plus qualifiées, demandaient au moment de la préparation du traité que l'on donnât à la France le territoire allemand de la rive gauche du Rhin, ce n'est pas, on le sait bien, dans une pure idée d'extension de la puissance française (idée toutefois légitime), pas même dans l'intention d'une juste compensation à opposer à de grandes pertes subies, c'était surtout pour nous éviter des guerres à venir.

Une imprudence très grave a été commise en 1814 qui n'est pas sans jeter un certain discrédit sur l'habileté légendaire des diplomates de l'époque. Pour épargner au roi de Saxe des sacrifices plus considérables on se laissa entraîner à attribuer à la Prusse des positions importantes sur la rive gauche du Rhin, région dans laquelle elle n'avait possédé jusque là que quelques petits fiefs de la principauté de Clèves par exemple et du duché de Gueldre. L'attribution des terres de la rive gauche du Rhin à la Prusse a eu pour effet de mettre à sa disposition une gigantesque place d'armes dans le voisinage immédiat de la Belgique et de la France. D'abord c'était supprimer pour une armée d'invasion les difficultés et les dangers du passage du Rhin. Le passage du Rhin qui n'était point déjà

une petite affaire à l'époque, où les armées de
Louis XIV l'effectuaient, est devenu d'une difficulté
vraiment très considérable dans notre temps où l'on
combat avec des millions d'hommes et tous les bagages
et accessoires nécessaires à ces prodigieuses agglomé-
rations. Mais surtout, et indépendamment de ce premier avantage, l'acquisition de la rive gauche du
Rhin a donné aux armées allemandes un terrain
assez vaste pour se concentrer en pleine tranquillité
et, de là, fondre sur les territoires voisins sans avoir à
surmonter pour cela des obstacles géographiques
d'une réelle difficulté. La preuve en a été faite en
1870 où la concentration des armées allemandes s'est
opérée presque en entier sur la rive gauche du fleuve ;
elle a été renouvelée plus fortement encore au commencement de la guerre de 1914 et c'est incontestablement à la position de cette grande place d'armes
et à l'esprit de prévision qui y avait préparé des
camps fort larges, que l'Empire allemand a dû
de pouvoir jeter rapidement soit sur les terres belges,
soit sur le Nord de la France des forces très considérables.

Veut-on que de pareils faits se renouvellent ? C'est
une intention que l'on ne saurait certes pas prêter à
la Conférence ; mais il ne suffit pas de vouloir, il faut
encore disposer les choses de façon telle que ces faits
ne se reproduisent pas. Pour cela, l'attribution des
terres de la rive gauche du Rhin à la France était le
meilleur procédé à employer.

Cette attribution priverait les Allemands de leur

place d'arme habituelle et surtout aurait l'énorme
avantage de nous donner le commandement de tous
les points de passage du Rhin. Il deviendrait certain
alors qu'une agression ne pourrait pas être tellement
subite qu'elle ne nous laissât le temps de couper les
ponts du Rhin et que, sans ponts pour traverser le
fleuve, une armée ennemie mettrait assez de temps à
cette opération pour permettre de prendre toutes les
mesures de défense nécessaires et même d'appeler à
soi les alliés sur le concours desquels on peut compter.
Vraiment, pour la sécurité de la France et pour celle
de la Belgique, ce point pouvait être dit essentiel.

On a objecté, il est vrai, que d'autres mesures ont
été prises ; telle est par exemple dans le traité de paix
cette défense faite à l'Allemagne d'avoir des troupes
ou des établissements militaires soit sur la rive gauche
du Rhin, soit sur la rive droite, dans un rayon de
5o kilomètres du fleuve (art. 42 et 43). Cette défense
nous paraît anodine et la sûreté que l'on en attend
pourrait bien être une illusion. Sans doute dans un
pareil état de choses l'Allemagne se verra obligée en
cas de préparatifs de guerre, de changer le terrain sur
lequel la concentration de ses troupes sera effectuée,
mais une fois cette concentration faite, disposant de
nombreux ponts sur le Rhin et possédant la rive gauche du fleuve, ce sera bien peu de chose que de
faire franchir à ses troupes cet espace pour renouveler les attaques brusquées dont elle est coutumière. Evidemment, jamais les termes d'un traité ne vaudront,
à ce point de vue, la garantie que donne un pur fait,

et nul fait ne peut être plus efficace que celui qui
établit une barrière naturelle entre deux nations toujours exposées à se combattre.

Puis, il faut bien considérer aussi que toutes ces
clauses qui touchent au désarmement, sont d'un contrôle très difficile et que ce contrôle ira s'affaiblissant
avec le temps jusqu'au jour à prévoir où il deviendra
complètement illusoire. Il est très possible que, sans
éveiller l'attention, des munitions et des approvisionnements de toutes sortes soient accumulés sur le territoire interdit, très possible aussi que des troupes y
soient réunies en grande quantité et commencent
l'action en vue de laquelle elles y ont été placées avant
même qu'une réclamation ait pu être formulée.

On répond à cela en faisant valoir (et c'est certainement l'un des arguments qui paraissent avoir pesé
sur les décisions de la Conférence, sans cependant
obtenir l'adhésion du pays) que cette sécurité dont la
France sera privée en gardant ses frontières actuelles,
elle la retrouvera augmentée dans les institutions
pacifiques qui se trouvent établies dans le cadre du
traité. Cela, c'est de l'imagination pure. On nous
parle du désarmement et du grand repos que l'on
pourra avoir à côté d'une Allemagne mise dans l'impossibilité de reconstituer ses établissements militaires.
Nous répliquerons à cela que l'Allemagne reconsti-
tuera sa puissance militaire en dépit de toutes les inter-
dictions formulées contre elle; ce qu'elle a pu faire en
échappant à l'œil vigilant de Napoléon Ier, elle le fera
bien mieux encore de notre temps. Il n'est pas si difficile

de masquer des soldats sous des noms divers, il est plus facile encore d'accumuler, sans être observé de personne, les armes et les approvisionnements et l'Etat qui a su en pleine paix et sur notre sol préparer secrètement des approvisionnements pour son armée et construire des plates-formes bétonnées pour ses canons, se fera un jeu de s'organiser en trompant notre surveillance.

Mais, ajoute-t-on, la Société des Nations volera au secours de la France attaquée par l'Allemagne. La Société des Nations est morte avant d'avoir vécu ; nous n'examinerons donc pas cette objection.

Une sûreté plus grande sera donnée par les alliances qui se nouent en ce moment et qui, il faut bien l'espérer, seront conclues et maintenues. Mais encore cette sécurité est-elle bien précaire. Une attaque peut être brusque et rapide, la mise en armes d'une nation alliée, la prise de la décision de secourir son alliée et surtout les préparatifs de tous genres qu'il faut faire pour entrer en campagne, prennent invariablement un temps considérable ; or, à la guerre, le temps est la chose essentielle, car à quoi servent les meilleures alliances si elles agissent à un moment où le pays allié a été irrévocablement vaincu ? Il est toujours à craindre que l'alliance la plus solide ne soit pas assez rapide pour conjurer le péril qui se produira et il nous semble d'une prudence politique élémentaire de mettre entre les mains de l'Etat les moyens de se protéger luimême. Or, le meilleur moyen de protéger la France contre une incursion de l'Allemagne consiste à lui

confier la garde de la rive gauche du Rhin, car obser-
vons-le, bien qu'il soit souhaitable que la rive gauche
du Rhin devienne pleinement française et bien que
ce résultat ne paraisse pas du tout chimérique, ceux
qui défendent ici la cause de la France ne se sont pas
attachés absolument à cette idée. Ce qui est surtout
essentiel c'est que la France domine dans ce pays et
que ses hommes montent la garde sur le Rhin. Du
reste, si la chose paraît meilleure, mais nous doutons
qu'elle le soit, on pourrait constituer les villes de ce
pays sous une sorte de régime municipal indépendant
en gardant pour la France un simple droit de protection supérieure. Ce serait au moins une solution
de transaction acceptable, et en réalité un retour à
ce qu'étaient en fait ces terres dans la période qui pré-
céda la Révolution française ; au bout de quelque
temps la population intéressée verrait elle-même quel
régime lui convient le mieux, mais jamais et sous
aucun prétexte la France ne se relâcherait de la garde
des ponts du Rhin.

Ce point de vue fait éclater la différence profonde
existant entre la conquête de l'Alsace-Lorraine et la
conquête des terres de la rive gauche du Rhin et nous
permet de répondre à un argument que l'on présente
fréquemment : la conquête de l'Alsace-Lorraine ayant
entraîné entre la France et l'Allemagne un dissenti-
ment et une tension sur laquelle le temps n'a pas eu
de prise, pourquoi désirer l'acquisition de la rive gauche du Rhin qui pourrait produire les mêmes conséquences. Que telles aient été les conséquences produi-

tes, par le traité de Francfort, la chose est claire, mais notre devoir est de montrer ici combien les situations sont différentes.

En passant le Rhin, l'Allemagne entrait sur le territoire français et s'y créait un réduit d'où ses troupes pouvaient menacer l'ensemble de notre territoire ; les Vosges sont faciles à franchir, et ce faible rempart une fois dépassé, ce sont les campagnes françaises qui s'étendent devant les armées adverses, c'est la route de Lyon, c'est même la route de la capitale. L'acquisition de l'Alsace-Lorraine par l'Allemagne était par elle-même une menace ; l'acquisition de la rive gauche du Rhin par la France n'a point du tout ce caractère et constituerait, au contraire, une sûreté. A supposer que l'Allemagne s'inquiétât encore, comme elle le faisait si volontiers après la chute de Napoléon Ier, de notre esprit d'aventures et de notre soif de conquêtes, elle aurait elle aussi le Rhin pour se protéger et par conséquent ce n'est pas la possession par la France d'un terrain plus étendu sur la rive gauche du fleuve qui constituerait pour elle un danger, ou bien il faudrait dire, comme je l'ai lu dans un auteur, que la possession de l'Alsace pour la France lui donne les clés de la Souabe, alors la possession de Cologne et de Mayence pourrait être dite nous donner les clés du reste de l'Allemagne. Cela, c'est de la rhétorique ; les clés d'une porte située de l'autre côté d'un grand fleuve ne servent pas à grand'chose à celui qui les possède. Revenons aux principes. Les principes reconnus de tous ceux qui ont écrit sur cette matière et se sont préoccu-

pés de donner des lois raisonnables aux rapports des
nations, vont à déclarer qu'il est de droit élémentaire
pour un vainqueur de prendre des précautions contre
le renouvellement des hostilités de la part de son
adversaire. Pour la France (et ce que nous disons de
la France est commun à la Belgique), demander la
possession de la rive gauche du Rhin c'est simplement demander que la protection la plus efficace qui
existe, celle d'une bonne frontière naturelle soit prise
pour éviter de la part de l'Allemagne le risque d'une
nouvelle agression.

Reste la question de nationalité. C'est la seule, à la
vérité, qui se présente sous une apparence sérieuse,
surtout à notre époque où ce mot de nationalité a pris
une acception presque sacrée et où on l'utilise pour
faire triompher des causes qui, sans son prestige, cher-
cheraient en vain des défenseurs.

Aux revendications françaises des territoires de la
rive gauche du Rhin on oppose que l'on ne doit pas
abuser de la force pour arracher les habitants de ce
territoire à leur nationalité allemande.

Raisonnons sur ce point. La réalité va nous apparaître très éloignée du tableau que l'on présente
ainsi. Il est incontestable qu'autrefois ces pays de la
rive gauche du Rhin firent partie de la Gaule ; elles
furent gallo-romaines et subirent ainsi, à la différence de la rive droite qui était la Germanie, l'influence profonde et durable de la civilisation romaine ;
puis après les invasions des barbares, ces mêmes ré-

gions firent partie de l'Empire de Charlemagne. Non
seulement elles en firent partie, mais elles en furent
excellemment le siège, car on se rappelle que la capitale du grand empereur était fixée dans la ville d'Aix-
la-Chapelle où se trouve encore son tombeau.

En 855 nous voyons le testament de l'empereur Lothaire donner à son fils, Lothaire II, le royaume qu'il
appelait la France et qui s'appela depuis — ces noms
étant dérivés du nom de Lothaire —- Lotharingie ou
Lothiérègne, ou Lothier. Ce royaume comprenait les
terres intermédiaires entre l'Allemagne et les provinces centrales de la France ; il embrassait la Suisse
romande, Bâle et son territoire, la Franche-Comté
appelée aussi Bourgogne, l'Alsace, le Palatinat, les territoires de Trèves et de Cologne, la Lorraine actuelle,
le Luxembourg, le Limbourg, Juliers, Clèves, le Hai-
naut, Namur, la Hollande. Ce royaume intermédiaire
qui avait été créé non pas pour répondre à des affinités
naturelles, mais simplement pour satisfaire à des vues
d'égalité (on était dans la période des partages, et la
loi naturelle des partages est l'égalité), ne cessait pas
d'être en butte à des attaques venues soit de l'Occi-
dent, soit de l'Orient. Après la chute de la dynastie
carolingienne, ces régions ne sont soumises à aucune
autorité commune ; elles passent, suivant les hasards
des batailles et les stipulations des traités, des rois
d'Allemagne aux rois de France. Cependant les habitants montrent toujours un attachement marqué pour
la France ; puis elles sont comprises dans l'Empire germanique et reçoivent comme toutes les autres terres

d'Empire, la plus large application du régime féodal. Nous touchons là à l'argument que les Allemands emploient le plus volontiers lorsqu'ils veulent démontrer que les terres de la rive gauche du Rhin sont bien véritablement des terres allemandes, argument qui du reste sert également à leurs historiens et à leurs géographes à revendiquer la France-Comté, la Bourgogne, les Flandres françaises. au besoin jusqu'au Dauphiné.

Toutes ces terres ont été autrefois terres d'Empire. C'est vrai mais ce qu'il faut observer c'est que, si la domination impériale s'est étendue jusque là, c'est parce qu'elle répondait à un désir de tranquillité et d'union qui la faisait, au moyen âge, accueillir volontiers, que du reste jamais le pouvoir des empereurs n'a constitué quelque chose de réel. Né à l'aurore de la Féodalité, il s'est heurté immédiatement au pouvoir des seigneurs et lorsque le pouvoir des seigneurs déclina et fut sur le point de disparaître, l'Empire lui-même avait déjà perdu toute force et n'existait que comme un mot donnant prétexte à de vaines cérémonies et à de vaines dignités.

En réalité au moyen âge, les pays rhénans étaient autonomes, ils n'étaient pas allemands, et l'Allemagne elle-même, ce que l'on sait moins, était loin d'être tout entière peuplée d'Allemands, son territoire comprenant en partie fort considérable soit des Slaves, soit des Hongrois, soit des Tchèques, n'ayant ni les uns ni les autres rien d'allemand. En tout cas, les pays rhénans n'étaient pas germaniques, le fond de la population demeurait toujours gallo-romaine, penchait du côté de la France qui, de son côté, ne cessa jamais de revendiquer la rive gauche du Rhin.

Il n'est pas inutile de se rappeler que, pendant tout le cours de notre ancienne royauté, la France levait des soldats dans ces régions et qu'elle entretenait d'excellentes relations avec les souverains locaux que souvent elle pensionnait ; ces souverains étaient presque tous des souverains ecclésiastiques ; le roi de France était en quelque sorte le protecteur-né de ces souverainetés. Du reste les historiens observent que la condition de ce pays fut véritablement misérable, les terres qu'il comprenait étant très généralement destinées à servir d'apanage à des cadets de famille, de telle sorte que rien ne fut plus incertain, plus variable que la souveraineté dans ces régions. En réalité, il n'y avait point d'état politique ni de pouvoir public réellement établis.

Les terres de la rive gauche du Rhin ne sont devenues véritablement allemandes qu'en devenant prussiennes par les traités de 1815. C'est alors que la Prusse franchit le Rhin et acquit ces territoires de la Prusse rhénane qui ont été pour elle d'une si grande conséquence dans son développement ultérieur. Jusque là les rois de Prusse n'avaient là que certains droits d'origine féodale droits sans grande valeur et qui rendaient la Prusse maîtresse d'une population qui ne dépassait pas sensiblement 100.000 habitants. A partir de ce moment au contraire, ces droits devinrent beaucoup plus étendus, ces possessions beaucoup plus importantes pour elle, comme aussi beaucoup plus menaçantes pour nous.

Comment cela arriva-t-il ? Le fait se produisit, on peut le dire, par pur hasard. La question qui, en 1815, préoccupa d'abord les négociateurs réunis à Vienne fut la question de la Saxe. Le roi de Saxe, par sa longue fidélité envers Napoléon, avait irrité les puissances allemandes, et il était question de le dépouiller de l'intégralité de ses Etats. Toutefois toutes les puissances n'étaient pas également favorables à ce projet, et par un retour assez naturel, l'influence française tâchait de se faire sentir en faveur de ce malheurux roi. C'est pour indemniser la Prusse de certaines terres qu'elle avait convoitées, en dehors de celles qu'elle reçut déjà dans le domaine saxon, que les pays de la rive gauche du Rhin lui furent accordés. Ce fut, répétons-le, un hasard, une combinaison fortuite que cette attribution. Auparavant, il avait été question de les donner au roi de Saxe en indemnité, ou bien d'y installer le grand duc de Toscane auquel on ne trouvait pas d'apanage. Ce fut le roi de Prusse qui triompha, et son triomphe fut causé surtout par l'obstination extraordinaire que déployèrent ses envoyés, notamment Hardenberg, à soutenir sa cause, faisant, tout le long du congrès, étalage des sacrifices qu'il avait consentis pour la cause commune et de la part incontestablement considérable qu'il avait prise à la préparation des victoires de la dernière coalition.

La Prusse se trouvait ainsi constituée d'une façon bizarre : ses domaines orientaux ou appartenant à l'Allemagne centrale se trouvaient séparés de ses domaines rhénans par le Hanovre, la Hesse, le grand duché de Bade et Francfort. De même la Bavière qui, elle aussi, avait reçu un lot dans ces régions (ce que l'on appelle la Bavière rhénane, le Palatinat rhénan) était séparée par le grand duché de Bade de cette acquisition.

Cette extension de la Prusse sur la rive gauche du Rhin fut l'origine de la fortune de cette puissance, et la circonstance qui, probablement, fixa la direction de ses ambitions. Il fallait faire un tout cohérent de ses domaines dispersés. Nous la voyons en 1866, profiter de sa victoire sur l'Autriche pour annexer la Hesse, le Nassau, Francfort, et réaliser ainsi la continuité de son territoire sur les deux rives du Rhin. C'est alors que se produisirent les premières provocations nettes de l'Allemagne, et cette thèse tout à fait extraordinaire qui prétendait reconstituer au profit de la Prusse l'immense territoire de l'ancien empire romain-germanique ne comptant pour rien la différence des temps, et surtout la différence plus grande encore de la souveraineté moderne et de la souveraineté ancienne.

La Prusse ne pouvait pas s'arrêter là. La guerre de 1870 lui fit faire un nouveau pas en avant, et l'établit sur la rive gauche du Rhin, sur les pentes des contreforts des Vosges. En même temps, l'empire d'Allemagne était fondé, et la Prusse, disposant d'un territoire plus étendu, jouissait aussi d'une prépondérance incontestée et d'une autorité à peu près illimitée sur toutes les Puissances allemandes, la seule Autriche exceptée. La Prusse était une grande Puissance, elle voulut être la seule grande Puissance du monde. La guerre actuelle marque le commencement de ses revers.

Tels étant les faits, peut-on dire qu'en reprenant la rive gauche du Rhin, on attenterait à la nationalité de ses habitants ? En réalité, ceux-ci jusqu'aux guerres napoléoniennes, ne se sont rattachées à aucune nationalité définie. Ils portaient avec eux leur propre nationalité, et le groupe ethnique dont ils se rapprochaient le plus en fait, n'était point du tout le groupe germanique mais bien le groupe lorrain. Depuis 1815, ils sont devenus allemands, mais sans rompre cependant leurs attaches nombreuses avec les populations françaises, voisines de leur territoire. Depuis, le 18 janvier 1871, ils font partie de l'empire d'Allemagne, et c'est seulement alors que l'on put dire d'eux qu'ils étaient bien véritablement compris dans la nationalité allemande.

Depuis 1871, à peine une cinquantaine d'années se sont écoulées. Un délai semblable suffit-il pour fonder une nationalité ? Nous pouvons répondre certainement non. Quelque doute qui existe sur cette notion fuyante de nationalité que l'on invoque à tout propos, et que l'on serait fort embarrassé de définir, il est bien certain qu'une nation ne se forme que par l'effet du temps et que c'est le fait d'une longue vie politique commune et peut-être plus encore le fait d'avoir subi ensemble de nombreuses épreuves, qui cimentent les éléments d'une nationalité. Pour cela, l'action des siècles est nécessaire, et l'on ne peut pas parler sérieusement d'une atteinte à une nationalité qui ne date, en réalité, que de moins d'un demi-siècle.

Mais on ajoute que l'on irait contre la volonté des habitants.

Sur ce point, nous serons naturellement très prudent, n'ayant pas de connaissances suffisantes pour résoudre la question. Ce que l'on peut dire, c'est que ce reproche n'est, au moins, pas très certain, car de tout temps, les habitants dont il s'agit, ont eu avec la France de très bonnes relations, ils se sont loués d'avoir fait partie de la République française et de l'Empire français jusqu'en 1814, et certains d'entre eux, au moins dans le bassin de la Sarre, n'ont jamais accepté d'être rattachés à l'Allemagne. Mes souvenirs personnels me montrent telle famille de Sarrelouis qui ne s'était jamais consolée d'avoir vu son berceau devenir prussien. Quel est l'esprit des Rhénans, et quels sont leurs désirs, je ne prétends pas le dire, mais il paraît au moins hors de doute, qu'il n'y a pas chez eux d'unanimité, car on a vu un parti séparatiste s'y former et devenir, en très peu de temps, assez puissant. Les hommes qui les connaissent le mieux sont très partagés d'opinion à leur égard. Retenons ici que l'un des hommes politiques dont l'expérience est la plus étendue et les connaissances les plus sûres, l'abbé Wetterlé, a dit publiquement que dans son opinion, les habitants des territoires de la rive gauche du Rhin ne répugneraient nullement à prendre la nationalité française. Mais encore répéterons-nous que la France ne veut forcer personne à devenir Français, et que

s'il semble que d'imposer la nationalité française aux
habitants de ces territoires soit une véritable atteinte
à leurs intentions, on pourrait avoir presque les mêmes
avantages en leur assurant une administration auto-
nome avec la condition que la France entretiendrait
des troupes sur les territoires en question et qu'elle
serait chargée de garder les rives du Rhin.

Bien que le traité de paix n'ait pas fait à ces considé-
rations la place qu'elles méritent et ait disposé avec
une légèreté coupable de ce qui était bien véritablement le droit de la France dans de telles circonstances,
toute perspective d'amélioration n'est pas perdue sur
ce point. Il paraît très certain que le traité de paix ne
pourra pas s'exécuter tel qu'il est ; il s'étend sur une
trop longue période, il escompte trop de probabilités
dans l'avenir, il suppose une quantité d'événements
qui, peut-être, ne se produiront jamais. Il est hors de
doute que même s'il subsiste en gros, il souffrira beaucoup de modifications de détail. Pour des politiques
avisés, ces remaniements pourront marquer le moment propice de reprendre ce qui fut toujours la politique française : le développement de la France vers le
Rhin, et la poursuite de la sécurité par la garde des rives de ce fleuve.

Ne désespérons donc pas d'une solution meilleure,
espérons au contraire que, lorsque le moment vien-
dra de la proposer, nos représentants prendront une
vue plus nette des intérêts essentiels de notre pays.

Les Réparations

L'objet de cette dernière conférence est de marquer
les grandes lignes que le traité de paix de Versailles
a suivies en matière de réparations.

Nous avons déjà noté antérieurement que la France
avait droit à de larges réparations, à la suite des sacrifices de tout genre qu'elle a dû faire pour sauver son
indépendance et aussi pour libérer le monde du joug
allemand. Que ces réparations appellent des indemnités, cela n'est point douteux. Parlerai-je de la doctrine ? Il est de l'avis unanime des jurisconsultes que le
vainqueur dont la cause était juste — et certes aucune
cause n'a jamais été plus juste que la nôtre — a le
droit d'exiger du vaincu la réparation du préjudice qui
lui a été causé. Cette réparation, certes, ne peut jamais
être opérée complètemet ; on ne nous rendra
ni nos enfants qui ont laissé leur vie sur les champs
de bataille, ni nos compatriotes assassinés par les Allemands, mais au moins, en tant qu'une réparation est
possible, il est d'une justice élémentaire qu'elle soit
accomplie.

Plus encore que les opinions de la doctrine, je citerai volontiers ici la coutume des traités de paix.

La pratique des traités de paix a toujours tendu à assurer la réparation des maux que la guerre avait causés, et surtout elle a tendu à ce que, dans tout traité de paix, il y eût un règlement. C'est à ce point de vue précisément, que le traité de Versailles laisse apparaître le dernier grave défaut dont il est affecté. Il apparaît, à première vue, qu'un traité qui se projette presque tout entier dans l'avenir, un traité dont l'exécution va exiger des séries d'années, ne constitue pas véritablement un règlement. Lorsque deux personnes règlent entre elles une situation complexe, il est de bon sens que, quelle que soit la méthode adoptée par elles, ce règlement règle quelque chose, c'est-à-dire mette un terme aux obligations dont ces personnes sont tenues l'une envers l'autre ; que ce règlement soit bon ou mauvais, il ne mérite le nom de règlement qu'autant qu'il constitue une fin, un aboutissement.

La pratique des traités de paix est tout à fait en faveur de cette idée. On le remarquera si l'on examine quelles sont les clauses que l'on y rencontre le plus régulièrement.

En dehors des cessions territoriales qui sont déjà elles-mêmes, pour leur part, une sorte de règlement, tout traité de paix contient certaines clauses tellement communes, que même si elles ne sont pas inscrites dans l'acte, on doit les supposer sous-entendues. C'est, par exemple, la clause d'amnistie. La clause d'amnis-

tie touche à un sujet encore très controversé à l'heure
actuelle, et qui constitue, au regard du traité que l'on
vient de signer, l'une des grosses difficultés de son
exécution.

En général, une fois les armes déposées, les adversaires de la veille renoncent à faire état l'un contre
l'autre des irrégularités, des incorrections et des
délits de tous genres qui ont pu être commis pendant
la guerre. C'est une sorte de pardon général, pardon
qui, à la vérité, n'a point sa cause déterminante dans
une idée d'affection ou de charité, mais dans cette
raison forte et profonde qu'un traité de paix doit faire
la paix, et que si on laisse subsister après l'avoir con-
clu des griefs remontant à la période de la guerre, on
n'aura pas la paix véritable, ces griefs étant de nature
à amener bien plutôt le renouvellement des hostilités.

La clause d'amnistie n'a pas été inscrite dans le
traité actuel, bien au contraire. Il a été stipulé (art. 227)
que l'empereur d'Allemagne comparaîtrait devant une
juridiction spéciale, de nature politique, chargée de lui
infliger le châtiment qu'appellent sur lui les maux
que son agression a fait subir à l'humanité ; il a été
stipulé de même (art. 228) que les officiers et soldats,
auteurs des atrocités sans nombre que l'on a pu reprocher aux armées allemandes, comparaîtraient devant
les juges et seraient punis. Cela procède d'une haute
idée de justice, mais cela ne va pas sans peine, et bien
que la guerre soit terminée depuis plus d'un an, cette
question de la punition des coupables paraît toujours
fort épineuse. Nous croyons meilleur de nous abste-

nir de la discuter ici. Il serait sans doute très intéressant, plus intéressant même que de parler de questions pécuniaires, d'émettre sur ce point les idées qui
nous paraissent convenir le mieux à la situation ; ce
ne serait pas sans inconvénient. La question est encore ouverte, et dès lors, on peut craindre que, en
usant sur ce point de l'indépendance dont un juriste
ne peut pas se passer, on ne plaide une cause qu'on
n'entendait certainement pas plaider, et on ne four-
nisse des arguments à ceux que l'on n'avait point l'intention de défendre. Mieux vaut donc attendre l'événement, et renvoyer à un temps plus éloigné l'expression d'une opinion sur ce point essentiellement délicat
et intéressant.

Une autre clause que l'on rencontre également dans
les traités de paix, est celle de la restitution en entier
(*postliminio*). Elle consiste à assurer aux propriétaires
dépossédés par l'ennemi la restitution de leurs propriétés.

Lorsqu'on écrit sur ces matières, on ne manque
jamais d'observer que cette clause est bien inutile
actuellement, vu que personne n'admet que le fait par
une armée d'occuper un certain pays, lui fasse acquérir à elle-même ou à son souverain la propriété des
terres sur lesquelles ses tentes sont dressées. En effet,
si la clause de la restitution en entier ne vise que la
seule propriété immobilière (comme c'est probable).
elle serait déplacée dans un traité actuel ; si, au contraire, elle vise même les propriétés mobilières, elle
est tout à fait de circonstance, car, on le sait, les pays

que les armées allemandes ont occupés pendant plus
de 4 ans, ont été absolument ravagés par elles ; tout
ce qui pouvait être enlevé l'a été, presque tout ce qui
pouvait être brisé l'a été également. Il serait donc
d'une prudence élémentaire de commencer par exiger
la restitution des choses enlevées à leurs propriétaires.
Le traité, effectivement, contient des stipulations relatives à cette obligation de restitution ; nous ne savons
pas si elles ont reçu jusqu'ici exécution suffisante.

Enfin viennent les réparations proprement dites, les
indemnités. De toutes les réparations, les indemnités
en argent stipulées dans le traité de paix, sont les plus
récentes : elles ne remontent guère au delà des guerres
de la Révolution, encore ces premières indemnités
étaient-elles extrêmement faibles, et est-il à peine besoin
de les rappeler, tant les circonstances ont changé ?

La première indemnité considérable que l'on trouve
stipulée dans un traité de paix, est celle du traité de
Paris du 3o novembre 1815. Une indemnité de 7co
millions fut imposée à la France, sur laquelle 5oo millions devaient être partagés entre ses ennemis pour
compenser les frais que leur avait causés la campagne
de Waterloo, les 2oo millions restants étant destinés à
créer les forteresses qui devaient servir de barrière contre la France et s'opposer dorénavant à ses ambitions.

On se rappelle que la guerre de 187o s'est terminée
par le paiement d'une indemnité de 5 milliards, somme
qui fut trouvée énorme pour l'époque et qui, actuellement, paraîtrait presque insignifiante.

Il a été du caractère de la guerre actuelle d'être extrêmement coûteuse, coûteuse en hommes, et coûteuse en argent ; cela tient au temps qu'elle a duré, et aussi à l'énorme développement de troupes et de moyens qu'elle supposait. Ne pensait-on pas lorsqu'elle a éclaté, qu'un aussi prodigieux effort ne pourrait pas se maintenir au delà de quelques mois, or il a duré plus de quatre ans, sans une défaillance. Les frais causés par cette lutte gigantesque ont été eux-mêmes d'une énormité telle que les vainqueurs ont dû renoncer à se faire rembourser les dépenses que leur armement leur a occasionnées, ils ont limité leurs réclamations à l'encontre de l'Allemagne aux sommes qui ont été dépensées ou qui devront l'être pour venir en aide aux victimes de la guerre et réparer le tort pécuniaire que les hostilités leur ont causé ; et déjà ces sommes sont tellement considérables, qu'un embarras extrême existe quant au moyen de les faire restituer.

Voyons donc quel système a été adopté par notre traité de paix, lorsqu'il s'est agi de fixer le montant des réparations et indemnités dues par l'Allemagne.

Le traité consacre à cet objet un certain nombre de dispositions qui comptent assurément parmi celles qui méritent les critiques les plus graves. Tout d'abord, nous observerons que les gouvernements alliés, dans l'article 232, reconnaissent que les ressources actuelles de l'Allemagne ne suffisent pas à la réparation intégrale des dommages que la guerre, causée par ses agissements, a occasionnés, et cela est fort différent de ce que l'on nous disait au cours des hostilités. Il a donc fallu faire une distinction, celle des dommages

qui seront remboursés, et des frais qui demeureront
à la charge de ceux qui les ont faits. La ligne de séparation a été tracée de façon à mettre à la charge de
l'agresseur les réparations proprement dites, c'est-à-
dire la réfection des richesses que l'agression elle-
même a détruites, également la restitution des biens
qui ont été enlevés, également encore les dommages
causés aux personnes, en tant que ces dommages peuvent être évalués en argent. Cela monte déjà à des
sommes extrèmement considérables, et pour cette raison les puissances alliées ont jugé superflu de mettre
à la charge de l'Allemagne les frais qu'elles ont faits
pour soutenir cette guerre gigantesque, se résignant
ainsi à supporter de ce chef une dette écrasante.

Nous remarquerons qu'en 1871 les Allemands n'ont
pas fait preuve de la même modération, car dans la
somme de 5 milliards qu'ils ont exigée de nous, à la
suite de cette campagne infiniment moins longue et
moins étendue, se trouvaient compris les frais que leur
avait causés l'entretien de leurs armes et ceux qu'ils
auraient à subir du fait de la réfection de leur matériel de guerre, usé par six mois de campagne. N'in-
sistons pas sur notre sacrifice, il est probable qu'il était
nécessaire, quoique évidemment il ait en lui-même
quelque chose de regrettable.

Le défaut de notre traité n'est pas là ; il consiste à
avoir oublié que la première qualité d'un traité de
paix est, comme nous l'avons déjà noté, de porter en
lui-même un règlement. Or, c'est surtout en matière
financière qu'un règlement immédiat est nécessaire.

Un règlement doit être fait, parce que laisser les choses entières comme on l'a fait dans cette occasion, et renvoyer les comptes à établir entre les deux adversaires à une époque ultérieure, c'est prolonger l'état de tension que la guerre a créé entre eux, c'est ouvrir la porte à bien des difficultés. Or, qui peut savoir d'avance ce qui résultera de pareilles difficultés ?

La sagesse aurait voulu que l'on adoptât un mode de restitutions et d'indemnités immédiates ; nous verrons, dans un instant, quelles possibilités s'ouvraient devant les Alliés à cet égard. Pour le moment, constatons que le parti suivi par les Puissances alliées a été exactement l'opposé de celui qui aurait dû être adopté. Tout ce qui concerne les restitutions et réparations dues est renvoyé à une époque ultérieure, sans faire même l'objet d'une fixation ferme quant à l'importance des restitutions et au montant des réparations.

Une première imprudence a été commise dans le fait de n'ouvrir l'ère des restitutions qu'à la ratification du traité de paix. Croyait-on, au moment où l'on a signé l'acte de Versailles, qu'il serait rapidement ratifié ? On se faisait alors de bien singulières illusions, et nous voyons à l'heure actuelle, combien au contraire la ratification de ce gigantesque instrument est laborieuse et demeure encore incertaine. A ce point de vue, les faits qui se sont déroulés devant nous, depuis le jour de la signature du traité, nous montrent qu'il aurait été utile de procéder comme on l'avait fait en 1871, et de signer d'abord des préliminaires de paix. Ces préliminaires pouvaient in-

tervenir peu de temps après l'armistice, et ne contenir, suivant la coutume, que les principes destinés
à servir de base à la paix. Ils auraient eu cet avantage
d'être déjà quelque chose de définitif, et par conséquent de permettre de commencer sans autre délai
l'œuvre de réparation qu'il était urgent d'accomplir.
Certes, on ne pensait pas alors que, même dans sa partie la plus urgente, dans les secours qu'il est nécessaire de donner aux populations privées de leurs
moyens d'existence par les ravages des Allemands,
l'œuvre de réparation serait aussi lentement accomplie ; on aurait pu cependant s'en douter, et voici
qu'actuellement, plus d'un an après l'armistice, les
populations du Nord de la France se plaignent de
n'avoir encore presque reçu aucun secours. On les a
empêchées de mourir de faim, c'est tout ce que l'on
a pu faire jusqu'ici en leur faveur.

Au moins pour ce qui concernait cette dette urgente et sacrée, la simple signature de préliminaires
de paix aurait suffi. Nous disons la signature, car il
semble qu'en pareille matière, on aurait pu ne pas
attendre la ratification pour imposer, par exemple, la
restitution des machines, outils, provisions, bestiaux,
que les Allemands ont enlevés dans le nord de la France, et que, dès le lendemain des préliminaires, cette
œuvre d'indemnisation aurait pu recevoir un commencement d'exécution. Il ne manque pas, dans
l'Histoire, d'exemples de traités qui ont été stipulés
exécutoires, même avant d'être ratifiés, certains d'entre ces exemples sont encore dans toutes les mémoi-

res, ce n'était donc rien faire de contraire à la pratique internationale que de suivre, dans un cas aussi
urgent, les précédents qui avaient été antérieurement
posés, et cette méthode était d'autant mieux indiquée,
que dans cette œuvre élémentaire de réparation, les
Alliés étaient bien décidés à ne s'arrêter à aucune
objection de leurs adversaires.

Ceci a donc été une première faute. Mais des
erreurs plus graves furent commises, nous en trouvons des traces nombreuses dans le texte du traité.

L'œuvre des restitutions et réparations n'a pas été
délimitée dans le traité lui-même ; l'acte se borne à
poser des principes, et quand à l'application de ces
principes il renvoie à un travail ultérieur. Comment
et par qui sera accompli ce travail ? Les gouvernements alliés et associés ont décidé qu'il serait constitué
à cet effet une Commission dite : « Commission des réparations » ; ce sera une Assemblée dont le rôle se ma-
nifestera comme devant être tout à fait considérable.
La Commission des réparations, dont l'institution fait
l'objet d'une annexe spéciale contenant au moins une
vingtaine d'articles, aura en effet des pouvoirs très
étendus : elle devra évaluer d'abord les restitutions et
les réparations qui seront dues, puis, en sens inverse,
les facultés dont l'Allemagne peut disposer à l'effet de
satisfaire à sa dette ; ensuite, elle proposera les modes
de liquidation et de paiement qui lui sembleront les
plus convenables. Il est certain qu'en faisant ainsi de
la poursuite des réparations l'objet d'une procédure
particulière où la Commission jouera le rôle du tribu-

nal qui décide, on a entendu très bien faire ; on a
voulu que l'indemnité, dans la limite où elle était
admise, fut complète, et on a voulu, aussi (préoccupa-
tion touchante dont les Allemands ne nous avaient pas
donné l'exemple en 1871), que cette dette de réparation
ne fut pas telle qu'elle put réduire l'Allemagne à un
état extrême de misère.

Mais ici encore, le mieux a été l'ennemi du bien.
De ce parti pris, il est résulté d'abord qu'à l'heure
où nous sommes, rien n'a encore été fait dans ce domaine. En dehors des prestations premières (il s'agissait, on s'en souvient, du matériel de guerre, des na-
vires, et du matériel des chemins de fer), que la convention d'armistice stipulait, rien ou presque rien n'a
été livré par l'Allemagne, de telle sorte que quatorze
mois se sont écoulés sans changer quoi que ce soit à
la misérable situation de ceux qui ont eu à souffrir
directement des entreprises allemandes. Il en résulte
également, — et cela est encore plus lamentable,
— qu'au lendemain de l'échange des ratifications et
à l'époque, qu'il faut espérer très voisine, où enfin
le traité de paix entrera en vigueur, va s'ouvrir une
ère de difficultés continuelles, car le traité, dans un
esprit d'équité que l'on ne peut pas blâmer absolument mais qui était mêlé d'une bien grande dose
d'imprudence, a réservé à l'Allemagne la possibilité
de discuter ses intérêts, non seulement en faisant des
représentations, mais en ayant des avocats à titre
permanent à la barre de la Commission des réparations. Donc, à ce qu'il semble, aucune décision

ne pourra être prise par la Commission qu'après un débat au cours duquel l'Allemagne aura la parole. Ce qui se passe actuellement, nous renseigne d'une façon assez certaine sur ce qui nous attend à ce moment. Nous voyons que l'Allemagne, malgré les notes de plus en plus fermes qui lui sont envoyées, ne se décide pas à signer les protocoles qui doivent accompagner la mise en vigueur du traité de paix, elle ergote, elle chicane, elle discute sur tous les points. Que sera-ce lorsque le traité sera signé, et lorsqu'elle n'aura plus pour la décider cet état de nécessité évidemment fort pénible dans lequel elle a été maintenue jusque là ? On peut s'attendre à ce que l'exécution du traité donne lieu à de perpétuelles querelles, et cela aura le double inconvénient de retarder sans aucun doute beaucoup les indemnités cependant justes et urgentes, qui sont dues à ceux qui ont souffert, et de compromettre aussi d'une façon sérieuse, la cause de la paix.

Il semble que sur ce point les négociateurs du traité de Versailles n'ont pas compris toute la sagesse qui existe dans l'usage commun des nations ; ils n'ont pas aperçu que c'est en vertu d'un besoin incontestable et pressant que l'on opère dans les traités de paix des règlements définitifs, sans s'arrêter à cette circonstance que jamais, au moment où on signe le traité, les éléments des comptes existant entre les adversaires ne sont entièrement connus. Il vaut encore mieux s'exposer à ne pas atteindre complètement le but auquel on se proposait d'arriver, que de remettre

à une époque ultérieure des règlements qu'il serait
infiniment plus avantageux de faire immédiats. Peut-
on espérer que l'Allemagne laissera passer sans protestations les évaluations qui lui seront soumises des
indemnités qu'elle doit verser? Ce serait, en vérité, bien
extraordinaire, et l'on peut être sûr que cette éventua-
lité ne se produira pas. Toutes les fois où l'on produira un chiffre, nos ennemis le discuteront, alléguant
qu'il est inexact et il faudra, avant d'obtenir un règlement quelconque, des longueurs dont les événements
actuels nous donnent suffisamment l'idée. A plus forte
raison sera-t-il très difficile de s'entendre avec l'Allemagne sur les ressources qu'elle possède et sur la
limite de ses facultés en matière de réparations ; on
peut être très sûr que tout ce qui sera proposé à cet
égard sera contesté avec le dernier acharnement, que
l'Allemagne se fera intentionnellement plus pauvre
qu'elle n'est, qu'elle usera de tous les moyens pour se
soustraire en fait à une obligation, à laquelle elle n'a
pas su se soustraire, mais qu'elle n'a acceptée qu'avec
l'arrière-pensée de ne pas la remplir.

Voilà les faits qui certainement se produiront, et
de ces certitudes on doit conclure que l'imprudence
ainsi commise en renvoyant à plus tard des opérations
qui auraient dû être immédiates, nous fera perdre une
partie des fruits du traité de paix. Plus probablement
encore, devant l'impossibilité où l'on sera d'exécuter
ce traité tel qu'il a été conçu, et dans le désir de mettre
un terme à des chicanes qui se renouvelleront périodiquement, on aimera mieux transiger et remplacer

les dispositions prises par d'autres dispositions d'une
exécution plus rapide et plus facile. Cela, disons-le
bien, ne sera pas très regrettable, car il est possible
qu'à ce moment nous arrivions, si nous sommes suffisamment résolus, à retrouver certains des avantages
que la signature du traité nous a malheureusement
fait perdre.

Remarquons que dans les exemples, dont il faut
s'inspirer pour apprendre ce que l'on pouvait faire,
on n'a pas procédé ainsi, et que notamment en 1871,
le chiffre de l'indemnité a été fixé dès le moment des
préliminaires de paix, c'est-à-dire quelques semaines
à peine après la cessation des hostilités. Bismarck
nous demandait d'abord 6 milliards. Devant les protestations qui s'élevèrent, il consentit à réduire ses
prétentions au chiffre de 5 milliards, mais ce chiffre
une fois posé, il ne voulut plus en démordre, et par
l'acceptation de cette dette de 5 milliards, tout ce
qu'il y avait d'essentiel dans les comptes entre la
France et l'Allemagne se trouvait, du coup, définitivement fixé.

Etait-il possible de suivre cet exemple ?

Nous devons bien reconnaître qu'il n'était sans doute
pas possible de le suivre exactement ; même en s'en
tenant à la simple formule que le traité de paix a
adoptée, c'est-à-dire en renonçant comme on l'a fait
à toute indemnité du fait des frais énormes que la
guerre nous a imposés, il aurait fallu encore un nombre très élevé de milliards pour représenter les dommages que les particuliers ont soufferts, car aux dom-

mages matériels venant soit des vols qui ont été commis, soit des dévastations de tout genre dont le territoire occupé a été le théâtre, il faut joindre — et ce
n'est point petite affaire, — toutes les pensions d'inva-
lidité, toutes les indemnités accordées aux personnes
qui ont subi elles-mêmes des préjudices par suite des
hostilités. Donc, on comprend bien qu'il était impossible de mettre à la charge de l'Allemagne une somme
globale peut-être supérieure à 100 milliards, parce
qu'il était impossible de savoir, en dépit de toutes les
affirmations qui furent répandues au cours de la
guerre, si l'Allemagne était véritablement capable de
la payer. Mais ce système de l'indemnité globale qui
a été pratiqué en 1871 et qui paraît impraticable à
l'heure actuelle, n'est pas, à la vérité, le seul
que l'on pût employer, et il est permis de se demander au moins, dans une étude comme celle que
nous poursuivons ici, s'il n'y avait d'autres moyens
d'arriver à la réparation des dommages que l'on
voulait compenser, moyens plus rapides, moyens plus
efficaces, et dont l'action, à ce qu'il semble, aurait pu déjà se faire sentir. Nous voulons parler des
réparations en nature. Déjà nous y avons fait allusion. Rien n'aurait empêché, à ce qu'il nous semble,
que, dès le moment où la paix a été signée, ou même
les simples préliminaires de cette paix conclus, ainsi
que nous l'indiquions tout à l'heure, les Allemands
fussent mis dans l'obligation de restituer en nature
ou par équivalent, tous les biens mobiliers enlevés
du territoire envahi. Une procédure simple et rapide,

poursuivie sur les lieux mêmes et par le ministère des autorités locales aurait abouti, sans chance de grosses erreurs, à établir l'inventaire de ces biens, et alors rien ne nous empêchait de mettre l'Allemagne dans la nécessité de les restituer dans un délai très court, soit en nature, soit par équivalent. Nous voulons parler particulièrement ici des bestiaux, des approvisionnements, des machines, des instruments agricoles, bref, de tous ces biens mobiliers particulièrement intéressants parce qu'ils servent à entretenir la vie économique d'un peuple. En prévoyant par exemple que l'Allemagne, à défaut de la restitution en nature des biens en question, devrait immédiatement en payer la valeur en or, certainement on l'aurait décidée à les retrouver et à les rendre, de cette façon, sa dette aurait été partiellement payée, et surtout on aurait obtenu rapidement, et à peu de frais, ce grand avantage de sauver de l'extrême misère où elle se trouve la population des pays qui ont été envahis.

Mais nous irons plus loin, et comme à une situation sans précédent il faut aussi des remèdes sans précédents, nous croyons que l'on aurait pu faciliter de beaucoup le rétablissement, dans leur état primitif, des pays occupés en se servant pour cela de l'industrie des prisonniers de guerre. Nous l'avouons, il nous aurait semblé à la fois juste et modéré de décider qu'à partir du traité de paix, ou plutôt des préliminaires, car sur ce point encore il nous paraît regrettable que des préliminaires n'aient point été signés, les prisonniers retenus en France et en Belgique, en France surtout,

car à ce point de vue la France est le pays le plus
endommagé, seraient employés à la réfection des édifi-
ces et des monuments détruits, jusqu'à complet achèvement de cette réfection ; les ouvriers de métier
auraient été facilement fournis par l'Allemagne, ainsi
que les ingénieurs, les architectes, sous les ordres
desquels ces prisonniers auraient travaillé ; les maté-
riaux auraient été également tirés de l'Allemagne.
Enfin, il aurait été stipulé que la liberté n'aurait
été rendue à ces prisonniers qu'après achèvement du
travail ainsi entrepris.

Cette clause aurait été nouvelle, et nous n'irons pas,
ici, invoquer la tradition des traités de paix, car on
la chercherait en vain dans un traité antérieur ; mais
précisément, comme les dévastations faites ont été par
leur étendue sans précédent, nous croyons qu'il aurait été légitime d'user d'un procédé qui n'a en lui-
même rien d'inhumain, rien d'injuste, qui aurait
conduit au paiement rapide d'une partie très notable
de la dette de l'Allemagne, et qui aurait eu, en outre,
l'avantage de montrer au peuple allemand que l'on
ne gagne pas toujours tout à dévaster le territoire
d'autrui, voire même que l'on peut perdre beaucoup en cas d'échec. Il fut un temps où les prisonniers
de guerre devenaient esclaves pour leur vie entière,
et quoique cet usage eût cessé bien longtemps avant
l'époque de Grotius, cet illustre jurisconsulte jugeait
utile de rappeler formellement dans son livre qu'il
ne s'appliquait plus entre peuples chrétiens. Que serait, en comparaison de l'esclavage ancien, cette obli-

gation de passer quelques mois ou au plus quelques années à relever les ruines que l'on a soi-même occasionnées.

Puis, comme cela ne serait pas encore suffisant, et comme des sommes considérables devaient être payées par l'Allemagne, il nous semble que ces sommes auraient pu être payées surtout en livraisons de marchandises. Il faut observer, pour être juste, que le traité n'a pas laissé de côté cette possibilité ; nous trouvons, en effet, certaines de ses dispositions qui stipulent des livraisons étendues de marchandises, et notamment de charbon. Mais ce procédé aurait pu être appliqué avec plus d'amplitude encore, de telle sorte que la somme à payer en argent par l'Allemagne fut réduite à un taux assez modeste, mais que par contre ce pays, dont l'industrie a été longtemps florissante, et qui a accumulé chez lui des quantités de marchandises considérables, fut obligé, — ce qui aurait pu être fait dans un délai assez court, — de se déposséder de ses provisions et de ses marchandises et de mettre ainsi ses anciens adversaires, et notamment les Français, dans la possibilité de reprendre de suite leur industrie et leur commerce.

La série des possibilités à envisager n'est même pas close par là, car je ne vois pas pourquoi, la nécessité aidant, les Alliés ne se seraient pas fait céder certains biens immobiliers en Allemagne. Je ne fais pas allusion ici aux propriétés particulières quoique, en définitive, il n'y aurait rien d'injuste à ce que la fortune des particuliers payât le crime de l'Etat, je fais

allusion surtout aux propriétés de l'Etat, voulant parler de celles qui peuvent être aliénées, car il ne vien-
drait à l'idée de personne de vendre des routes ou des
places publiques, et notamment — cela aurait eu un
autre effet extrêmement souhaitable, — des propriétés ayant un caractère militaire. On veut désarmer
l'Allemagne, et certes ce but est louable ; il semble
qu'au lieu de multiplier des ordonnances qui, sans
doute, ne seront pas écoutées, au lieu d'organiser un
contrôle, toujours malaisé et souvent impossible à
bien exercer, il aurait mieux valu faire céder en
bloc aux Alliés tous les établissements militaires de
l'Allemagne, établissements qui représentent sans
doute par leur nombre et par leur étendue une valeur
énorme, et qui auraient été vendus au profit de
ces Alliés. Cette idée ne paraît pas avoir été agitée au
sein de la Conférence, et pourtant combien ne serait-
elle pas plus efficace qu'un simple plan de désarmement. Des soldats sont vite réunis, des armes et des
munitions assez rapidement fabriquées, mais combien
de temps et d'argent seraient nécessaires pour constituer à nouveau l'immense patrimoine immobilier de
l'armée et de la marine !

Nous ne voulons pas poursuivre plus loin la série
des possibilités, car d'autres combinaisons sans doute
pouvaient être imaginées, aussi bonnes, peut-être
meilleures que celles que nous proposons ici ; mais
ce que nous voulons marquer dans cette dernière critique que nous faisons du traité de Versailles, c'est
que d'autres procédés d'indemnité existaient qui

étaient meilleurs que ceux que l'on a adoptés, meilleurs en ce sens qu'ils pouvaient produire leur effet dans un délai très court, et qu'ils correspondaient au principe qu'un traité de paix doit contenir les éléments d'un règlement rapide et définitif.

En arrivant ainsi à la fin de la brève étude que nous venons de faire du traité de 1919, il paraît presque superflu de remarquer que ce traité n'a été examiné par nous que dans ses lignes tout à fait générales ; bien des points n'ont pas pu être touchés, dont l'examen cependant aurait présenté un grand intérêt, par exemple, le point de nos relations commerciales ultérieures avec l'Allemagne. Mais il faut savoir se borner. Nous avons considéré dans le traité non point les dispositions que l'on y a mises et qui plus avantageusement pourraient se trouver ailleurs, mais celles qui sont essentielles à tous les traités de paix ; en les examinant nous avons été amené à constater qu'au regard des intérêts français, les dispositions prises ont été faibles et imparfaites, en particulier, que le maintien de la paix dans l'avenir devra être attendu beaucoup plus d'une politique vigilante et défiante à l'égard de l'Allemagne, que de l'exécution de clauses malheureusement plus théoriques que pratiques, dont les effets s'étendent sur une durée beaucoup trop grande, et qui laissent apparaître nombre d'incertitudes et de dangers.

Le traité de Versailles doit être exécuté. Il est infiniment probable qu'il ne le sera pas en entier.

Terminons en émettant ce vœu que l'on profite de
ses imperfections mêmes et des modifications qu'elles
entraîneront pour l'améliorer, pour en faire un acte
plus simple, plus clair et plus respectueux des légitimes intérêts de la France.

TABLE DES MATIÈRES

IMPRIMERIE DU PALAIS
20, rue Geoffroy-l'Asnier, Paris

Pillet, A.
Le Traité de paix de
* 2 2 3 4 4 *